新一代人工智能 2030 全景科普丛书

智慧法院

蒋佳妮　徐　阳　萨楚拉　著

科学技术文献出版社
SCIENTIFIC AND TECHNICAL DOCUMENTATION PRESS
·北京·

图书在版编目（CIP）数据

智慧法院 / 蒋佳妮，徐阳，萨楚拉著. —北京：科学技术文献出版社，2020.7
（新一代人工智能2030全景科普丛书 / 赵志耘总主编）
ISBN 978–7–5189–6508–3

Ⅰ.①智… Ⅱ.①蒋… ②徐… ③萨… Ⅲ.①人工智能—应用—法院—工作—研究—中国 Ⅳ.① D926.2-39

中国版本图书馆 CIP 数据核字（2020）第 037276 号

智慧法院

策划编辑：崔　静		责任编辑：李　鑫		责任校对：张吲哚		责任出版：张志平	

出 版 者	科学技术文献出版社
地　　址	北京市复兴路15号　邮编　100038
编 务 部	（010）58882938，58882087（传真）
发 行 部	（010）58882868，58882870（传真）
邮 购 部	（010）58882873
官方网址	www.stdp.com.cn
发 行 者	科学技术文献出版社发行　全国各地新华书店经销
印 刷 者	北京时尚印佳彩色印刷有限公司
版　　次	2020 年 7 月第 1 版　2020 年 7 月第 1 次印刷
开　　本	710×1000　1/16
字　　数	149千
印　　张	11.5
书　　号	ISBN 978–7–5189–6508–3
定　　价	46.00元

版权所有　违法必究

购买本社图书，凡字迹不清、缺页、倒页、脱页者，本社发行部负责调换

总　序

　　人工智能是指利用计算机模拟、延伸和扩展人的智能的理论、方法、技术及应用系统。人工智能虽然是计算机科学的一个分支，但它的研究跨越计算机科学、脑科学、神经生理学、认知科学、行为科学和数学，以及信息论、控制论和系统论等许多学科领域，具有高度交叉性。此外，人工智能又是一种基础性的技术，具有广泛渗透性。当前，以计算机视觉、机器学习、知识图谱、自然语言处理等为代表的人工智能技术已逐步应用到制造、金融、医疗、交通、安全、智慧城市等领域。未来随着技术不断迭代更新，人工智能应用场景将更为广泛，渗透到经济社会发展的方方面面。

　　人工智能的发展并非一帆风顺。自1956年在达特茅斯夏季人工智能研究会议上人工智能概念被首次提出以来，人工智能经历了20世纪50—60年代和80年代两次浪潮期，也经历过70年代和90年代两次沉寂期。近年来，随着数据爆发式的增长、计算能力的大幅提升及深度学习算法的发展和成熟，当前已经迎来了人工智能概念出现以来的第三个浪潮期。

　　人工智能是新一轮科技革命和产业变革的核心驱动力，将进一步释放历次科技革命和产业变革积蓄的巨大能量，并创造新的强大引擎，重构生产、分配、交换、消费等经济活动各环节，形成从宏观到微观各领域的智能化新需求，催生新技术、新产品、新产业、新业态、新模式。2018年麦肯锡发布的研究报告显示，到2030年，人工智能新增经济规模将达13万亿美元，其对全球经济增长的贡献可与其他变革性技术如蒸汽机相媲美。近年来，世界主要发达国家已经把发展人工智能作为提升其国家竞争力、维护国家安全的重要战略，并进行针对性布局，力图在新一轮国际科技竞争中掌握主导权。

德国2012年发布十项未来高科技战略计划，以"智能工厂"为重心的工业4.0是其中的重要计划之一，包括人工智能、工业机器人、物联网、云计算、大数据、3D打印等在内的技术得到大力支持。英国2013年将"机器人技术及自治化系统"列入了"八项伟大的科技"计划，宣布要力争成为第四次工业革命的全球领导者。美国2016年10月发布《为人工智能的未来做好准备》《国家人工智能研究与发展战略规划》两份报告，将人工智能上升到国家战略高度，为国家资助的人工智能研究和发展划定策略，确定了美国在人工智能领域的七项长期战略。日本2017年制定了人工智能产业化路线图，计划分3个阶段推进，利用人工智能技术，大幅提高制造业、物流、医疗和护理行业效率。法国2018年3月公布人工智能发展战略，拟从人才培养、数据开放、资金扶持及伦理建设等方面入手，将法国打造成在人工智能研发方面的世界一流强国。欧盟委员会2018年4月发布《欧盟人工智能》报告，制订了欧盟人工智能行动计划，提出增强技术与产业能力，为迎接社会经济变革做好准备，确立合适的伦理和法律框架三大目标。

党的十八大以来，习近平总书记把创新摆在国家发展全局的核心位置，高度重视人工智能发展，多次谈及人工智能的重要性，为人工智能如何赋能新时代指明方向。2016年8月，国务院印发《"十三五"国家科技创新规划》，明确人工智能作为发展新一代信息技术的主要方向。2017年7月，国务院发布《新一代人工智能发展规划》，从基础研究、技术研发、应用推广、产业发展、基础设施体系建设等方面提出了六大重点任务，目标是到2030年使中国成为世界主要人工智能创新中心。截至2018年年底，全国超过20个省市发布了30余项人工智能的专项指导意见和扶持政策。

当前，我国人工智能正迎来史上最好的发展时期，技术创新日益活跃、产业规模逐步壮大、应用领域不断拓展。在技术研发方面，深度学习算法日益精进，智能芯片、语音识别、计算机视觉等部分领域走在世界前列。2017—2018年，中国在人工智能领域的专利总数连续两年超过了美国和日本。在产业发展方面，截至2018年上半年，国内人工智能企业总数达1040家，位居世界第二，在智能芯片、计算机视觉、自动驾驶等领域，涌现了寒武纪、旷视等一批独角兽企业。在应用领域方面，伴随着算法、算力的不断演进和提升，越来越多的产品和应用落地，比较典型的产品有语音交互类产品（如智能音箱、智能语音助理、智能车载系统等）、智能机器人、无人机、无人驾驶汽车等。人工智能的应用范围则更加广泛，目前已经在制造、医疗、金融、教育、安防、商业、智能家居等多个垂直领域得到应用。总体来说，目前我国在开发各种人工智能应用方面发展非常迅速，但在基础研究、原创成果、顶尖人才、技术生态、基础平台、标准规范等方面，距离世界领先水平还存在明显差距。

1956年，在美国达特茅斯会议上首次提出人工智能的概念时，互联网还没有诞生；今天，新一轮科技革命和产业变革方兴未艾，大数据、物联网、深度学习等词汇已为公众所熟知。未来，人工智能将对世界带来颠覆性的变化，它不再是科幻小说里令人惊叹的场景，也不再是新闻媒体上"耸人听闻"的头条，而是实实在在地来到我们身边：它为我们处理高危险、高重复性和高精度的工作，为我们做饭、驾驶、看病，陪我们聊天，甚至帮助我们突破空间、表象、时间的局限，见所未见，赋予我们新的能力……

这一切，既让我们兴奋和充满期待，同时又有些担忧、不安乃至惶恐。就业替代、安全威胁、数据隐私、算法歧视……人工智能的发展和大规模应用也会带来一系列已知和未知的挑战。但不管怎样，人工智能的开始按钮已经按下，而且将永不停止。管理学大师彼得·德鲁克说："预测未来最好的方式就是创造未来。"别人等风来，我们造风起。只要我们不忘初心，为了人工智能终将创造的所有美好全力奔跑，相信在不远的未来，人工智能将不再是以太网中跃动的字节和CPU中孱弱的灵魂，它就在我们身边，就在我们眼前。"遇见你，便是遇见了美好。"

新一代人工智能2030全景科普丛书力图向我们展现30年后智能时代人类

生产生活的广阔画卷,它描绘了来自未来的智能农业、制造、能源、汽车、物流、交通、家居、教育、商务、金融、健康、安防、政务、法庭、环保等令人叹为观止的经济、社会场景,以及无所不在的智能机器人和触手可及的智能基础设施。同时,我们还能通过这套丛书了解人工智能发展所带来的法律法规、伦理规范的挑战及应对举措。

  本丛书能及时和广大读者、同仁见面,应该说是集众人智慧。他们主要是本丛书作者、为本丛书提供研究成果资料的专家,以及许多业内人士。在此对他们的辛苦和付出一并表示衷心的感谢!最后,由于时间、精力有限,丛书中定有一些不当之处,敬请读者批评指正!

赵志耘

2019 年 8 月 29 日

摘　要

法律人工智能化，或称"法律＋人工智能"，经过 30 余年的发展，广泛应用于在线法律服务、法律信息检索、在线纠纷解决机制等多个领域，司法机构和律所、企业法务部门等法律服务业机构等也开始在其诉讼程序、法律咨询等各环节中积极使用人工智能产品和服务。司法人工智能化是社会进步和技术变革背景下的必然趋势。人工智能在司法裁判中的应用不是简单指人工智能代替法官来审理案件，而是指在司法裁判活动中，通过运用人工智能等技术，建设成包括司法裁判、审判人员、法律数据、法律公开和动态监控的统一的大数据平台与电子信息设施。人工智能改造法律服务行业的潜力十分惊人。然而我们必须承认，人们对此等技术的认识，以及如何让其潜能得以发挥至极限，目前仍处于初始阶段。在最理想的情况下，通过人工智能进行法律分析可以比人类的分析速度快 1000 万倍以上。得益于法律服务业人工智能化应用，律师可以更为有效地开展工作，并提高其服务领域专业水平，为客户提供更多有价值、有可行性的解决方案。

智慧法院的建设，首先需要处理好人工智能与司法独立之间的关系，这里涉及智慧法院建设的必要性问题。互联网的进步、人工智能的发展，以即时、开放、共享、民主和平等为主要优势，使得人与人之间的沟通不再受限于物理上的距离远近。在这种背景下，智慧法院建设契合了司法的传统价值追求。其次，需要认识到人工智能在多大程度上介入司法，这里需要理清智慧法院建设的重要意义。相较于传统法院，智慧法院具有效率高、成本低、参与广等优势。信息技术的发展实际上一直促进着法院系统工作质效的提升。智慧法院建设可以提升法院办案效率，促进司法公正，强化裁判的执行。最后，需要处理好智慧法院与传统法院的关系，这里涉及人工智能如何辅助司法的问题。当前和可预见的未来，人工智能在司法领域的使用也许仅限于特定的任务和环节。因为法官的工作需要广泛的综合技能。因此，人工智能不可能完全取代人类法官的工作。将人工智能（AI）辅助引入司法机构很可能是一个渐进且缓慢的过程，始于AI辅助，终于AI法官与人类法官并行存在。

随着人工智能的深入发展，各国司法机构正在通过数字化转型，从纸质化系统向电子和在线系统转变，实现电子方式提交和访问相关文件、智能庭审、在线解决纠纷等，进一步提高司法效率和公正。本书简要介绍了美国、欧盟、英国、日本和韩国的人工智能战略和智慧法庭建设实践。在中国，随着智慧法院建设被列入国家信息化发展战略，中国智慧法院建设也成绩斐然。本书详细介绍了中国智慧法院的建设实践：一是回顾了中国智慧法院建设历程，经历了奠定基础阶段、逐步推进阶段和迅猛发展阶段，并取得了举世瞩目的成就；二是介绍了各地、各级人民法院在智慧法院建设方面的经验和成绩；三是从宏观层面、提升诉讼服务水平层面和实践运行3个方面，对中国智慧法院建设进行了展望和思考。

目 录

第一篇　法律的人工智能化

第一章　法律人工智能化的现状与发展趋势 / 002
第一节　法律人工智能化的现状 / 003
第二节　法律人工智能化的发展趋势及面临的挑战 / 004

第二章　司法人工智能化 / 006
第一节　智能庭审系统 / 006
第二节　在线纠纷解决平台 / 007
第三节　辅助司法决策 / 009
第四节　协助执法办案 / 009

第三章　法律服务业人工智能化 / 011
第一节　法律信息检索 / 012
第二节　法律文件审查 / 013
第三节　法律咨询服务 / 014
第四节　案件结果预测 / 015

第二篇　智慧法院——法律人工智能化的集中体现

第四章　时不我待——法律实践需赶上技术发展的脚步 / 019
第一节　智慧法院建设的必要性 / 019
第二节　智慧法院建设的意义 / 021

第五章　谨慎前行——为正义守住底线 / 026
第一节　"AI 文献研究员"——无法避免的算法黑箱 / 027
第二节　"代言人"——过度依赖机器决策 / 028
第三节　"有限司法权的 AI 官员"——人类法官与 AI 法官的合作 / 029

第三篇　典型国家的智慧法院建设情况

第六章　美国 / 034
第一节　美国人工智能战略概述 / 034
第二节　美国智慧法院建设实践 / 038

第七章　欧盟 / 042
第一节　欧盟人工智能战略概述 / 042
第二节　欧盟智慧法院建设实践 / 045

第八章　英国 / 050
第一节　英国人工智能战略概述 / 050
第二节　英国智慧法院建设实践 / 053

第九章　日本 / 056

　　第一节　日本人工智能战略概述 / 056

　　第二节　日本智慧法院建设实践 / 058

第十章　韩国 / 060

　　第一节　韩国人工智能战略概述 / 060

　　第二节　韩国智慧法院建设实践 / 061

第四篇　中国智慧法院建设

第十一章　中国智慧法院建设的发展历程 / 066

第十二章　智慧法院建设的理论建构 / 069

第十三章　智慧法院建设的丰硕成果 / 074

第五篇　各级法院智慧法庭建设的成果

第十四章　互联网法院建设的成果 / 086

　　第一节　互联网法院与智慧法院的关系 / 086

　　第二节　杭州互联网法院的实践 / 087

　　第三节　北京互联网法院的实践 / 090

　　第四节　广州互联网法院的实践 / 091

第十五章　全国各高级人民法院的实践 / 095

　　第一节　江苏省高级人民法院的实践 / 095

　　第二节　上海市高级人民法院的实践 / 097

　　第三节　北京市高级人民法院的实践 / 099

　　　　第四节　河北省高级人民法院的实践 / 101

　　　　第五节　重庆市高级人民法院的实践 / 103

　　　　第六节　广东省高级人民法院的实践 / 105

　　　　第七节　新疆维吾尔自治区高级人民法院的实践 / 107

　　　　第八节　青海省高级人民法院的实践 / 109

第十六章　全国各中基层法院的实践 / 112

　　　　第一节　四川成都市中级人民法院的实践 / 112

　　　　第二节　江苏省苏州市中级人民法院的实践 / 114

　　　　第三节　深圳市中级人民法院的实践 / 116

　　　　第四节　吉林省延边朝鲜族自治州中级人民法院的实践 / 117

　　　　第五节　设立智慧法院实践基地 / 118

第六篇　中国智慧法院建设的展望与思考

第十七章　智慧法院建设宏观层面需要注意的问题 / 120

　　　　第一节　智慧法院建设与整体规划 / 120

　　　　第二节　智慧法院建设与网络安全 / 123

　　　　第三节　人工智能介入司法审判的路径分析 / 130

第十八章　智慧法院建设在提升诉讼服务水平层面需要注意的问题 / 137

　　　　第一节　智慧法院建设中提升诉讼服务功能的发展方向 / 137

　　　　第二节　构建现代化诉讼服务体系建设 / 139

　　　　第三节　智慧法院建设与电子诉讼 / 141

第十九章 ····· 智慧法院建设在实际运行中需要注意的问题 / 147

  第一节 智慧法院建设与基本解决执行难 / 147

  第二节 智慧法院建设与多元纠纷机制 / 149

  第三节 智慧法院建设与 5G 技术 / 152

  第四节 智慧法院建设与宣传交流 / 155

参考文献 / 161

后　记 / 168

第一篇

法律的人工智能化

人工智能和法律的遭遇会在两个层面呈现出来。我们在享受人工智能技术带来红利的同时,需要对它可能带来的风险和挑战进行回应,这意味着我们需要对人工智能进行法律规制。另外,大数据技术、云计算、人工智能的发展又为现有的法律提供动力。技术赋能,立法、司法和法律执行将会以一种从来没有过的方式借助算法而实现变革。①

---

① 汪庆华. 人工智能的法律规制路径:一个框架性讨论[J]. 现代法学,2019,41(2):55-64.

第一章

法律人工智能化的现状与发展趋势

人工智能（artificial intelligence，AI）是新一轮产业变革的核心驱动力，世界各国都纷纷将人工智能应用作为当前和未来的重要发展方向，并积极在人工智能核心技术、标准规范、创新应用场景等方面加强部署。人工智能已不再是科幻小说中的幻想，它已经融入我们的生活中，我们可以通过使用虚拟助理协助安排日常事宜，可以通过与服务机器人进行人机互动解决问题，还可以通过使用自动驾驶汽车实现便捷出行等。

计算能力的增长及算法的进步等无疑使人工智能成为当前最具战略意义的技术之一。从广义上讲，人工智能是指可以感知环境、思考、学习并根据感应和目标采取行动的计算机系统。目前使用的人工智能包括数字辅助、聊天机器人和机器学习。根据工作方式，人工智能可以分为四类：一是自动化智能，即手动／认知和常规／非常规任务的自动化；二是辅助智能，即帮助人类更快、更好地完成任务；三是增强智能，即帮助人类更好地做出决定；四是自主智能，即无须人工干预就能自主做出决定。[①]

[①] 普华永道. 抓住机遇：人工智能的商业价值和取用之道[R/OL]. (2017-06-27) [2019-09-21]. https://www.pwc.com/gx/en/issues/analytics/assets/pwc-ai-analysis-sizing-the-prize-report.pdf.

第一节　法律人工智能化的现状

"法律+人工智能"并不是一项新生事物。早在 1970 年，Buchanan 和 Headrick 刊登在《斯坦福大学法律评论》的文章《关于人工智能和法律推理的几点思考》中就讨论了对法律研究和推理进行建模的可能性，尤其是在建议咨询、法律分析和论点构建方面。[①] 该文章被视为第一个关于"法律+人工智能"的提案。1987 年是法律人工智能领域具有里程碑性质的一年——第一届人工智能与法律国际会议（International Conference on Artificial Intelligence and Law）在美国东北大学举行。该会议标志着我们正式进入"法律+人工智能"时代，此后，"法律+人工智能"相关组织、企业陆续成立。

在法律人的实际工作场景金字塔中，处于第一层的是大量基础性、程序性的工作，这也是当前许多低年级律师和实习生正在做的事情；处于第二层的是需要高度经验性判断和总结归纳的事务；处于第三层的则是正义论和法哲学层面的问题。[②] 在法律人工智能化实践中，人工智能多作为决策过程中的辅助性、增强性及参考性工具，促进实现法律公平公正，提高效率效益。麦肯锡研究所的一项研究发现，如今进行的所有工作活动中，大约有一半具有自动化的潜力。麦肯锡认为，到 2030 年，包括人工智能和机器人技术在内的自动化技术将取代 1/3 的工作活动，其中就包括法律专业[③]。

随着自然语言处理和机器学习的不断发展，人工智能将进一步辅助、完善、甚至部分替代人类决策。法官、律师自身的法律专业知识和人工智能技术相结合，将使其做出更为准确合理的决定。根据维基百科全书对"人工智能与法律"词条的介绍，到目前为止，人工智能与法律领域主要研究十大议题，分别是法

---

① http://www.iaail.org/?q=page/ai-law.
② 邹邵坤. 法律人工智能的真实当下与可能未来[J]. 法治现代化研究, 2019 (1): 89-96.
③ 麦肯锡. 失业与就业：自动化时代的劳动力转变[R/OL]. (2017-11-28) [2019-09-25]. https://www.mckinsey.com/featured-insights/future-of-work/jobs-lost-jobs-gained-what-the-future-of-work-will-mean-for-jobs-skills-and-wages.

律推理形式模型、论证与决策计算模型、证据推理计算模型、多主体系统法律推理、可执行立法模型、法律文本自动分类检索、法律数据库与文本自动提取、电子取证机器学习与数据挖掘、基于概念或模型的法律信息检索、自动执行少数重复性法律任务的法律机器人。[①] 目前，人工智能已广泛应用于在线法律服务、法律信息检索、在线纠纷解决机制等多个领域，司法机构和律所、企业法务部门等法律服务业机构等也开始在其诉讼程序、法律咨询等各环节中积极使用人工智能产品和服务。人工智能在司法及法律服务业的具体应用将在本篇第二章及第三章介绍。

第二节 法律人工智能化的发展趋势及面临的挑战

  法律人工智能化的发展趋势与人工智能技术的发展密不可分。5G的研发和应用将为人工智能提供更高速、更稳定的信息通道，自动化机器学习、人工智能云服务、对话式人工智能技术等为法律人工智能化应用提供更多可能。未来法律人工智能化发展将呈现如下趋势：①法律检索方式将从自动化走向智能化；②法律文件将实现自动化生成；③在线法律服务、法律机器人等服务模式促使法律服务走向标准化、商品化，进而使得法律服务的质量普遍高效化、专业化、定制化；④案件预测被广泛应用，深刻影响当事人的诉讼行为和法律纠纷的解决；⑤智慧法院、在线法院、人工智能法律援助日益发展壮大，确保了司法的公平正义，帮助消除司法鸿沟；⑥人工智能和机器人成为法律系统的基本入口；⑦律师市场评价将使法律行业更加透明，但也极易引发"马太效应"；⑧计算法律、算法裁判，或将成为法律的终极形态；⑨法律人工智能职业将作为法律行业的新兴职业而不断涌现；⑩法律教育与人工智能等前沿信息科学技术将日益密切

---

① 熊明辉. 法律人工智能的前世今生[EB/OL]. (2018-10-26) [2019-11-13]. http://news.cssn.cn/zx/bwyc/201810/t20181010_4666738_1.shtml.

结合起来。① 但是，人工智能技术发展中产生的许多变革性变化并不能简单地完全替代司法机构或者法律服务业，法律人工智能化在不断拓宽应用领域的同时，也面临着诸多挑战。

(1) 算法歧视问题。法律人工智能化应用过程中多通过算法执行相应任务。大数据、算法、机器学习和自然语言处理等的有效应用有助于提高工作效率，辅助法律工作者进行决策。但是，在实践中，任何人都不能完全保证所使用的算法是公正公平的，如算法设计者或算法所依赖的数据提供者存在固有价值偏好，则算法也可能会受其影响，在决策中产生一定偏离，影响司法公正。

(2) 数据安全问题。人工智能深度学习依赖于海量数据，法律人工智能化的不断完善也基于规模大、质量高的各类数据。不论是司法人工智能化或是法律服务业人工智能化，均需要面对来自政府机构、企业、个人等不同主体的信息及数据，并予以收集、处理、存储等应用。如果在此过程中疏于监管，那么极易发生数据泄露或恶意使用的风险，对各主体利益造成严重损害。

(3) 决策准确性问题。随着社会不断发展，法律关系日益复杂，在一定程度上对司法效能、人员知识水平、管理模式等提出新的挑战。我们需要认识到，人工智能在法律领域的应用更多是辅助型应用，而非替代性应用。因此，法律人工智能化的发展需要既具有专业知识、职业素养，又会善用人工智能技术提高工作效率、实现公平公正的复合型人才，将人工智能技术与法律专业知识相结合，确保司法决策的准确性。

---

① 曹建峰. "人工智能+法律"十大趋势[J]. 机器人产业, 2017 (5): 89-96.

第二章 ●●●●

司法人工智能化

司法人工智能化是社会进步和技术变革背景下的必然趋势。人工智能在司法裁判中的应用不是简单的指人工智能代替法官来审理案件,而是指在司法裁判活动中,通过运用人工智能等技术,建设成包括有司法裁判、审判人员、法律数据、法律公开和动态监控的统一的大数据平台与电子信息设施。① 国务院于 2017 年 7 月印发的《新一代人工智能发展规划》中将人工智能产业发展上升到国家战略高度,并明确提出"建设集审判、人员、数据应用、司法公开和动态监控于一体的智慧法庭数据平台,促进人工智能在证据收集、案例分析、法律文件阅读与分析中的应用,实现法院审判体系和审判能力智能化"。

第一节 智能庭审系统

在司法环节中,案件的受理登记、庭审记录等环节多是固定化、模块化工作,使用人工智能技术可以替代司法工作人员完成机械性工作,为其大幅减负,司法成本也随之显著下降。在司法人工智能化应用未普遍应用的时代,庭审记录多是通过当庭录入或者人工笔录等方式进行,不仅耗时耗力,也易因工作时

---

① 周万. 人工智能在司法裁判中的应用 [D]. 武汉:武汉大学,2018.

间有限、录入项目繁多而影响内容准确性。此后，随着技术发展，信息数据化更广泛地应用于司法环节，如美国阿拉斯加州、印第安纳州、新罕布什尔州、俄勒冈州、犹他州和佛蒙特州等在其全部或大部分法院开庭中使用数字化记录技术。而人工智能技术的出现，则进一步提高了庭审记录等环节的工作效率和准确性。

目前，世界各地司法机构都可以找到在线提交起诉书、在线归档、视频会议等示例。视频会议和电话会议等技术使法官、当事人和证人可以虚拟参与诉讼程序。这些举措使当事人更易与司法机构互动，从而减少法院工作人员的工作量，并节省了大量时间成本和经济成本。自动语音识别技术则可自动将庭审语音转为文字记录，并由专业的笔录者进行审核和编辑，以确保99%以上的准确性。例如，科大讯飞的智能庭审系统采用全球领先的多语种多方言语音识别、语音合成等人工智能技术，运用专用的法言法语模型，实现庭审纪律自动播报、庭审笔录自动生成、庭审笔录音频即时回听及快速检索等功能，解决庭审笔录记录速度慢、记录不全、记录不准等问题，可有效提升法官的办案效率，大幅减轻书记员的工作强度和压力，从而提升审判质效，促进实现审判体系和审判能力现代化。据科大讯飞官方信息显示，其智慧法院建设中语音相关应用已覆盖全国31个省市、1000余家法院、近5000个法庭，为司法为民、提升审判质效、规范司法管理提供有力支撑。

第二节 在线纠纷解决平台

在线纠纷解决平台随着eBay、Amazon、阿里巴巴等电子商务公司的蓬勃发展而不断演进。在线纠纷解决机制是从替代性纠纷解决机制演化而来，指涵盖所有网络上由非法庭但公正的第三人，解决企业与消费者间因电子商务契约所生争执的所有方式。[①] 目前，在线纠纷解决机制在欧美及亚洲国家广泛应用，

---

① 龙飞. 人工智能在纠纷解决领域的应用与发展[J]. 西北政法大学学报，2019（1）：17-19.

多见于在线诉讼、在线仲裁等领域。例如，Modria 已通过人工智能应用在线解决数千起纠纷。英国、爱沙尼亚等国政府也正在积极建设在线法院，用于解决小型民事法律纠纷。我国在线纠纷解决机制多以法院和仲裁机构为主导，因此，能够集合法院和仲裁机构的审判、仲裁及调解资源和全社会的纠纷化解资源，打通线下线上多种渠道，灵活组织开展调解，同时也可以实现在线生成调解协议和在线司法确认，提高调解效率。

美国俄亥俄州索偿法院负责处理公共记录索偿案件，以解决公民与政府之间关于获取公共记录的纠纷。这些案件首先要进行调解，然后在必要时由法院做出裁决。俄亥俄州索偿法院受理的所有案件均为民事案件，不涉及犯罪记录。诉诸法院的大多数民事诉讼被分为司法裁决或行政裁决案件。2016 年 9 月，俄亥俄州立法机关通过一项措施，允许法院对全州的公共记录诉求予以管辖。法院需要处理的案件数量呈指数级增长。法院为了对日后的繁忙公务提早应对，不仅选择了 Tyler Technologies 作为其解决方案提供商，及时帮助法院配置在线系统完善电子归档功能，还启用了 Modria 在线争议解决平台，通过在线纠纷解决为公民提供 7 天 24 小时不间断的公共记录案件处理服务[1]。加拿大 iCan Systems Inc 公司的电子谈判系统 Smartsettle 也可处理多类民事纠纷，如任何用户都可以通过 Smartsettle 系统自己在网上发起小额索赔纠纷的电子谈判，系统将在整个过程中提供智能化指导。谈判结束后，用户可以直接使用 Smartsettle 支付费用，仅需要缴纳 4% 的交易费，该争议即可完结。[2]

---

[1] Case study：How the Ohio Court of claims handled incrased caseload[EB/OL]．(2019-10-05)．https://www.tylertech.com/resources/case-studies/case-study-how-the-ohio-court-of-claims-handled-increased-caseload.
[2] 郭文利，阎智洪．加拿大智能调解电子谈判系统透视 [N]．人民法院报，2019-06-07 (2) [2019-11-17]．

第三节　辅助司法决策

　　人工智能和更广泛的算法使我们的司法系统更加有效。人工智能系统可以通过充当法官的"智能助手"来辅助司法决策，就像人工智能已经在帮助医生读取扫描结果，诊断病情并更准确地推荐治疗方法一样。人工智能在一定程度上可以防止某些人为偏见的发生，但不能取代人类判断力。如果案件事实无可争辩，且所应适用的法律条款明确，并在数据存储中存在相类似的先例，那么人工智能可以在较短时间内帮助法官分析案件情况并提出初步决策建议。从根本上讲，人工智能可以筛选大量信息，识别人类常见错误，并提供相关结果以协助法律研究和分析，这与律师事务所使用的 Ross Intelligence 技术类似。

　　在美国等一些国家，人类法官在做出每年影响成千上万人自由的保释和假释决定时，越来越多地依赖人工智能和算法分析，帮助法官评估累犯风险。以美国为例，风险评估工具的使用正在从维持治安到审前释放决定、判刑、和假释向整个美国刑事司法迅速扩展，但相关的深度研究才刚刚开始。尽管风险评估工具被认为可有助提升刑事司法效率、准确性和透明度，但部分学者及法律工作者仍对其可靠性表示严重关切。我国最高人民法院推出的"类案智能推送系统"实现了法律适用与同类案件的快速查询和智能推送，充分发挥系统在辅助量刑决策、规范裁判尺度、统一法律适用等方面的重要作用，进一步提升审判质效，促进司法为民、公正司法。

第四节　协助执法办案

　　人工智能被认为是协助执法办案的重要因素，因为它可以在许多领域提供帮助并提高效率。办案人员可利用集成面部识别的视频分析技术，通过摄像头对多个位置的个人进行观察，以及通过移动和模式分析来预防犯罪，识别进行中的犯罪，帮助识别犯罪嫌疑人等。借助摄像头、视频和社交媒体等技术生成的大量数据，人工智能可以侦查那些原本不会被发现的犯罪行为，并通过调查潜在的犯罪行为确保实现公共安全，从而增强基层群众对执法和刑事司法系统的信心。

其中，最广泛适用的是面部识别和图像增强技术。我国已广泛应用面部识别技术，以协助识别公共场所和人群中的罪犯嫌疑人。公共场所安装摄像头，可以帮助办案人员识别和纠正罪犯嫌疑人、协助开展追捕。伦敦等一些城市也已经尝试在火车站使用人工智能技术加强监控。另外，人工智能还可以协助司法人员进行侦查工作。例如，实现职务犯罪侦查手段的智能化和大数据化：职务犯罪案件的侦查难点在于作案手段隐秘、作案过程参与人数少，如果我们在侦查中使用大数据的办法来对嫌疑人资金状况、行动轨迹、日常习惯等进行多维度的排查和比对，从中发现犯罪线索、固定犯罪证据，将大幅节约侦查人力投入，使检察人员将更大精力投入对案件定性、侦查方向、侦查手段的判断上来，从而提高侦查效果。除面部识别应用程序外，人工智能技术还被用于增强图像和搜索领域。数字图像包含图像中所显示内容的数字表示，特别是颜色、透明度和与图像每个像素关联的其他信息。当人们使用智能手机扫描物理图像或拍摄数码照片时，他们正在系统地生成像素级数据。通过增强图像，执法人员可以发现未经过图像处理前没有发现的信息，甚至看清遮挡物后的细节。执法部门还采用预测分析方法，即可以通过搜索历史记录来查明容易犯罪的地区，然后将巡逻人员部署到这些地区。例如，芝加哥办案人员使用的预测工具通过可公开访问的数据，分析复杂的社交网络，预测潜在的暴力犯罪者和受害者。

第三章

法律服务业人工智能化

  2014年，致力于法律咨询服务的英国Jomati咨询公司在《文明2030：律师事务所的近景》的报告中指出，塑造全球经济的3个关键因素将对客户和律师事务所产生深刻影响，即人口统计、全球城市和特大城市增长及将人工智能和机器人技术引入工业和专业领域。其中，人工智能将在未来15年内主导法律实践，或许会给律所带来"结构性坍塌"。以色列领先的人工智能合同审查平台LawGeex、为法律需求用户提供一站式法律智能咨询解决方案"法狗狗"等的出现成为法律服务业人工智能化的重要体现。英国博闻律师事务所法律风险咨询部主管Matthew Whalley分析指出，人工智能改造法律服务行业的潜力十分惊人。然而我们必须承认，人们对此等技术的认识，以及如何让其潜能发挥至极限，目前仍处于初始阶段。在最理想的情况下，通过人工智能进行法律分析可以比人类的分析速度快1000万倍以上。[①] 得益于法律服务业人工智能化应用，律师可以更为有效地开展工作，并提高其服务领域专业水平，为客户提供更多有价值、有可行性的解决方案。西北大学的John McGinnis和福特汉姆大学的Russell Pearce认为，机器智能将对法律服务市场造成"巨大破坏"，并

[①] 法务之家.首个人工智能律师已入职，先被取代的却是他们，而律师…？[EB/OL].(2017-05-18)[2019-07-25].http://m.sohu.com/a/141623625_164794.

将对信息检索、文本生成、案件预测等方面产生影响。①

第一节　法律信息检索

　　法律信息检索是人工智能在法律服务业最常见的应用模式。法律服务从业人员可以通过北大法宝、Westlaw、Lexis 等传统法律数据库进行检索，在线获取所需法律信息。传统法律信息检索服务是基于关键字进行检索，尽管自动化检索方式仍是项费时费力的工作，但已比传统的手动阅读文档有了巨大改进。研究显示，当前律师使用专用法律数据库检索信息所花费在信息审阅上的时间占其法律服务总时间的不足5%。②但传统法律信息检索服务存在因关键词不明确或因关联性不足，使得相关有益材料未纳入搜索范围等情形发生。

　　基于自然语言处理和深度学习的法律信息检索系统可以解决上述问题。由 IBM 研发的人工智能律师 Ross 被称为世界第一个人工智能律师，目前，Ross 已应用于多家律师事务所。Ross 基于 IBM 认知计算机 Waston 系统，可用于检索所有法律条文，并通过引用相关立法文献、判例法等帮助律师了解案件情况。同时，Ross 具有机器学习能力，即可通过人机良性互动不断学习和完善系统。Ross 的工作原理大致如下：利用自然语言处理能力去理解问题的语法及文本——通过评估问题所有可能的含义来确定问题是什么意思——从数以百万计的文档中找出数以千计的可能答案——收集材料并根据评分算法给所有的材料进行评分——根据支持材料的评分对所有的答案进行排名——提供一个解决方案。③尽管 Ross

---

① MCGINNIS J O, PEARCE R G. The great disruption: how machine intelligence will transform the role of lawyers in the delivery of legal services [J]. Fordham law review, 2014 (82) : 3041–3066.
② DANA R, FRANK S L. Can robots be lawyers？Computers, lawyers, and the practice of law [EB/OL]. (2016-11-27) [2019-11-10]. https://ssrn.com/abstract=2701092 or http://dx.doi.org/10.2139/ssrn.2701092.
③ 法务之家. 首个人工智能律师已入职，先被取代的却是他们，而律师…？[EB/OL]. (2017-05-18) [2019-07-25]. http://m.sohu.com/a/141623625_164794.

的工作原理与人类处理问题时的思维模式相类似，但是 Ross 的研发和使用并非完全替代人类律师，目前其也不能像人类律师一样出庭为当事人辩护，因此，Ross 并不是真正意义上的"人工智能律师"，而更多的是通过人工智能技术为律师提供信息搜索服务，使律师有更多充足时间研究分析案件。

第二节 法律文件审查

法律文件审查是法律服务中一项基础性工作，传统的人工审查承担着较高的时间成本，还可能因工作失误导致企业受损。目前，部分法律事务所和企业服务部门应用人工智能技术协助律师进行法律文件审查，人工智能技术可通过筛选大量信息实现自动比对、识别常见错误、明确条款定义，从而提高法律文本审查效率，降低合同签订风险。例如，投资银行摩根大通最近启动了一个名为 Contract Intelligence 的程序，该程序可以在几秒钟内扫描合同并审核商业贷款协议。预计每年将节省律师和信贷员高达 36 万小时的工作时间。[1] 国内已开发的智合同等平台也可实现法律文件自动化审查和法律提示条款的自动化生成。原来律师需要一周时间才能完成的工作，智合同只需 3 秒就能完成，且错误率大幅降低。[2]

位于以色列的 LawGeex 是一家人工智能驱动的合同审查平台，它自动审核进入用户系统的每份合同。如果未发现合同存在问题，则立即批准合同。LawGeex 所使用的技术可以理解法律术语及其含义，无论其形式或措辞如何，并将其与所在企业、律所等实行的相关政策予以比较。LawGeex 曾开展一项研究项目，以比较人工智能和人类律师在合同审查效率及准确率方面的差异。研究者安排 20 名人类律师与 LawGeex 开展合同审查比赛，人工智能完成了测试

---

[1] KAMENER L. Courting change the verdict on AI and the court [EB/OL]. (2020-01-01) [2020-01-07]. https://www.centreforpublicimpact.org/courting-change-verdict-ai-courts/.
[2] 智合同. 智合同跟你聊聊法律领域里最新的"游戏规则" [EB/OL]. (2018-08-07)[2019-11-27]. http://www.xuansba.com/news/1533282052888.htm.

且平均准确率达到94%，人类律师的准确率为85%，其中人工智能的准确率最高得分为100%，而人类律师则为97%。人类律师平均花费92分钟完成合同审查，最快的人用了51分钟，最慢的则用了156分钟，但LawGeex的人工智能平均用时仅为26秒。①

第三节 法律咨询服务

在互联网尚未普及之时，如果人们需要进行法律咨询，寻求律师帮助，多是通过媒体宣传、广告推介、好友介绍等传统方式寻找相应信息，可这种方式却常常因为信息不对等、律师专业不对口或水平参差不齐等导致咨询结果不尽如人意。互联网给人们生活带来便利的同时，在线法律咨询服务应运而生，并随着人工智能技术的发展不断完善。人们可以通过互联网查找法律服务，并通过在线信息系统获取有关法律指导、纠纷解决方案等。

当前，人工智能法律咨询服务形式常见于以下三类。一是法律咨询微信公众号。律所、法律服务中介机构等充分利用互联网传播平台，通过开通微信公众号、设立相应服务模块，为人们提供法律咨询、律师介绍等基础性服务。二是智能问答平台。智能问答平台通过人工智能、机器学习、自然语言识别等技术，解决了法律咨询微信公众号存在的答复内容简单、识别用户咨询内容有限等问题，更为清晰、全面地提供相关法律建议。目前，此类智能问答平台所涉及的领域多为婚姻、交通、合同、劳务等日常工作生活中常见的法律纠纷。例如，华律网对有法律需求的用户提供海量的法律知识在线检索和查阅，同时免费为用户提供文字、电话等多种方式的法律咨询服务，并由10余万有执业资格证的律师会员为用户进行专业解答。华律网基于10多年来对律师行业的了解及律师会员的执业大数据分析，为有需求的用户精准推荐合适的律师。三是实体法律

---

① 人工智能的"判决"：在审查法律文件方面胜过人类律师[EB/OL]. (2018-02-28)[2019-11-19]. https://baijiahao.baidu.com/s？id=1593609837718864215&wfr=spider&for=pc.

咨询服务机器人。社区、法律援助中心等基层部门多配置实体机器人为用户提供上述服务，以解决现有律师等法律服务人员有限、民众法律咨询需求增加的问题。

第四节　案件结果预测

对于简易的特定类型案件，人类可通过人工智能较为准确地预测案件诉讼结果，是当事人预判诉讼风险的有益工具。2004年，华盛顿大学的教授就曾以2002年美国最高人民法院所有有争议的案件（共计628宗）为样本，对运用算法预测案件结果的准确性进行了测试。他们将算法预测的结果与专家预测的结果相比较后发现，算法预测的准确率为75%，而专家预测的准确率为59%。[①]

目前，Lex Machina、Ravel Law、Premonition Analytics等公司已使用他们从每位联邦法官和州上诉法院法官那里获得的数据来深入了解法官的模式、异常情况、裁定、撤销率及被引用的次数。有趣的是，基于两个世纪的最高人民法院数据分析，人工智能可以比人类专家更好地预测最高人民法院的判决。这种以数据为依据的信息可更有效地为客户的决策提供建议，更好地量化诉讼风险和费用，并生成更明智的、更有可能成功的法律策略。在金融领域索赔案件结果预测中，一位名为Case Cruncher Alpha的人工智能律师获得了人们的广泛关注。2017年10月，Case Crunch举办了历史上第一场人工智能律师与人类律师的竞赛。Case Cruncher Alpha需要面对来自100余名人类律师的挑战。他们需对数百项关于支付保护保险不当销售案例的事实进行预测，以判断最终各案件是否能胜诉，并与金融监察员先前已做出的决定进行比对，以验证预测的准确性。Case Cruncher Alpha与100名人类律师最终共计提交了775项预测报告。结果显示，Case Cruncher Alpha的准确率为86.6%，人类律师的准

---

① https://emerj.com/ai-sector-overviews/ai-in-law-legal-practice-current-applications.

确率为 62.3%。Case Crunch 认为，这一结果并不意味着人工智能律师比人类律师能更为准确地预测结果，而是在案件情况清晰的情况下，人工智能律师可以与人类律师相竞争，甚至处于优势。[①] 加拿大 Blue J Legal 公司同样利用机器学习预测法院结果，并专注于税法领域，其结果预测的平均准确率达 90%。以 Blue J Legal 旗下产品 Tax Foresight 为例，其工作原理是先通过填写问卷调查表了解个案情况，再通过人工智能系统将此情况与系统中加拿大最高人民法院、联邦上诉法院、税务法院等机构判决相比较，从而提供预测结果报告、相应解释说明及相类似案件清单。

---

① https://www.case-crunch.com/index.html#progress-bars3-o.

第二篇

智慧法院——法律人工智能化的集中体现

　　司法信息化的基本宗旨是保障人民权利与提升人民福祉，各国均应高度重视信息技术对法院工作的推动作用。司法公开是促进司法公正、提升司法水平的一种基本手段，各国将进一步注重利用互联网技术，持续增进司法的透明度和公信力。

——第三届世界互联网大会智慧法院暨网络法治论坛《乌镇共识》

　　技术的发展与应用需要法律的规范和调整。促进人工智能发展的法律规制，最终要落实在司法实践上。从这个意义上讲，现代化和信息化的司法是法律智能化的集中体现。人工智能技术与司法实践的深度融合，是当前深化司法体制改革的重要途径。人工智能是武装和提升智慧法院功能的重要抓手，智慧法院又是人工智能法治化的重要保障。[①] 智慧法院在人工智能时代应运而生，是法院信息化建设的阶段性成果。智慧法院将高效司法、公正司法作为目标，将挖掘、运用大数据资源、标准化工作流程、增强审理审判的可视化和透明度等作为主要手段，以数据安全可信作为保障机制。智慧法院的建设，首先，需要处理好

---

① 邓恒. 如何理解互联网法院[N].2017-07-25.

人工智能与司法独立之间的关系，这里涉及智慧法院建设的必要性问题。其次，需要认识到人工智能在多大程度上介入司法，这里需要理清智慧法院建设的重要意义。最后，需要处理好智慧法院与传统法院的关系，这里涉及人工智能如何辅助司法的问题。

第四章

时不我待——法律实践需赶上技术发展的脚步

第一节 智慧法院建设的必要性

技术已经在改变着法律的实践,并可能通过替代、支持或补充司法的方式来重塑审判过程。这种变化可能会限制人们参与判断的程度,而人们越来越倾向于使用人工智能来处理较小的民事纠纷,以及在更复杂的纠纷中更加常规化地使用相关技术。技术的革新促使社会、经济、政治和文化领域的电子化程度日益深入。法律作为调整社会关系的重要手段,其革新固然需要适应技术带来的新变化。尽管法律对技术带来的变化的反应具有一定的滞后性,但并不代表法律与技术是相互孤立的。具体到司法实践中,法律对技术带来的变化,更需要力求及时地予以回应,因为"迟来的正义非正义"。

以及时的正义实现为目标的公正高效司法是智慧法院的根本诉求。互联网的进步、人工智能的发展,以即时、开放、共享、民主和平等为主要优势,使得人与人之间的沟通不再受限于物理上的距离远近。在这种背景下,智慧法院建设契合了司法的传统价值追求。

在人工智能应用于司法领域方面,量刑环节的应用需求尤为突出。一项来自澳大利亚的民意调查研究显示,公众对量刑缺乏信心,因为他们对法院判处的刑罚的适当性和有效性不满意,并对法官是否与公众的观点保持一致有很大的怀疑。[1] 研究指出,在听证的量刑阶段,经过简短的量刑听证后,大多数相关事实已经确定或容易确定,这通常不需要法院去研究信誉和可靠性问题。此外,大多数相关的量刑注意事项都可以相对清晰地确定下来。鉴于此,可以开发相关算法,该算法可以根据当前的量刑实践确定适当的制裁措施。当然,即使算法确实在某种程度上取代了法院的判决,这也应该以与当前侵权通知程序类似的方式运行,即做出的裁判可以被撤销,由法院重新处理。

三位澳大利亚作者合著的论文显示,量刑决定受到 200 多个考虑因素的影响。尽管法官和地方法官不愿承认这一点,但决策可能会受到肤色和社会经济地位等因素的影响。量刑的不一致也会侵蚀对系统的信任。作者引用了一项针对 71 000 项犯罪的研究报告,该报告表明,一家维多利亚法院将犯下同样罪行的囚犯送入监狱的可能性是同一管辖区中其他法院的 3 倍。作者认为,"特别是在澳大利亚,在保释判决和量刑判决等方面,我们还没有解决人类决策的谬误……将数据驱动的机器学习用于刑事司法的巨大好处之一就是开始剖析这些偏见并弄清楚它们的存在。"[2] 作者进一步指出,社会已经很容易地接受了许多类似的技术。例如,高速摄影机是一种自动量刑的形式,现已被广泛接受。但是,国外一直在关注人工智能驱动的量刑算法,其中在美国,由于与白人相比对,这种自动量刑系统给了非裔美国人更严厉的刑罚而被叫停。

语法和语义之间的哲学区别表明,AI 应用于法律领域的作用仍是补充性的。塞尔(Searle)指出,计算机程序具有语法(一种正式的操作结构),但不具有

---

[1] RICHARD M, NIEDERMAN A. Developing artificially intelligent justice [J]. Standford technology law review, 2019 (242): 16–19.
[2] STOBBS N, BAGARIC M, HUNTER D. Can sentencing be enhanced by the use of artificial intelligence? [J]. Criminal law journal, 2017, 41 (5): 261–277.

语义（这些操作背后的含义）。① 数字技术以抽象符号的形式处理信息，即 1 和 0。该技术具有处理和操纵这些符号的能力，但它不了解这些过程背后的含义。换句话说，机器无法理解其正在处理的信息。这可以与人的思维形成对比，后者可以理解其处理的信息。这个问题意味着计算机程序将能够模拟人类的思维方式，但是要真正复制人类的思维方式还需要一段时间。然而，可以说，随着人类决策所需的信息变得越来越多，且更加复杂（即涉及许多复杂的数据源），人类在做出决策时别无选择，必须在一定程度上要依靠 AI。

第二节 智慧法院建设的意义

信息技术的快速发展使司法越来越公开化，智慧法院则是信息技术发展到一定程度的必然产物②，以其智能化、即时性、虚拟化、超越物理空间局限等优势，在促进司法公正和高效方面发挥着重要作用。相较于传统法院，智慧法院具有效率高、成本低、参与广等优势。信息技术的发展实际上一直促进着法院系统工作质效的提升。人工智能技术的出现和发展，则促使法院系统的信息化进程更上新台阶。智慧法院建设促使司法更加公开，拓宽了法院、当事人、社会公众之间的信息渠道，从而进一步保障了司法的公正与透明，有利于增强司法的公信力。

一、提升效率

过度拥挤的监狱、积压的法院案件和工作繁重的公设辩护律师是当前法律领域面临的许多紧迫问题的一部分。例如，德国的法院可能需要长达两年的时间才能决定庇护申请，而美国有大约 230 万人被判入狱，其人均囚禁数比世界

---

① SOURDIN T.JUDGE V ROBOT? Artificial intelligence and judicial decision-making[J]. UNSW law journal, 2018, 41 (4) : 1114-1133.
② 邓恒. 如何理解智慧法院与互联网法院[N]. 2017-07-25.

上任何其他国家都多。更重要的是，这些被监禁的人中约有 54 万人尚未被定罪或判刑。欧洲的情况略好一些，根据欧洲委员会最近的一份报告，2016—2018 年，欧洲的整体监禁率下降了 6.6%，但个别国家的监狱仍然人满为患，如意大利和法国。这表明世界上许多法律系统仍然不够高效，这就是为什么需要越来越多地向人工智能求助的原因。①

司法具有很强的时效性。从经济学角度讲，审判程序的效率价值在于其经济性。具体而言，要求诉讼程序应当以最少的资源投入，在最有效的时间内，最大化实现诉讼参与人对公平、正义、自由和秩序的需求。随着人工智能被更广泛地应用于司法中，法院办公系统将从自动化走向智能化，这会在更大程度上提高审判工作的质量和效率。尤其是电子化办公、视频监控技术的引入，使得案件从立案、提交证据、开庭审理，再到最后的结案，全过程都可以保持在线状态，这降低了法院的日常工作成本，也有助于解决案件久拖不决的问题。

实际上，在公共和私营部门的需求推动下，到 2026 年，全球 AI 科技应用于法律领域的数字将增长到 378.5 亿美元。①一方面，人工智能法律系统具备强大的记忆和检索功能，可以弥补人脑记忆和认识能力有限、记忆不准确、检索不全面的缺陷，解放法官和律师的部分劳动，从而让他们集中精力处理更为复杂的法律推理活动。另一方面，在司法人员的职业生涯中，难免要完成大量重复的机械工作，此时人工智能可以代替司法人员解决这些工作，从而极大地缩短其工作时间，减小了其工作压力。大部分法律专家建议应使用人工智能来协助法院量刑。专家认为量刑的过程会生成大量数据，此过程如果由人和这个传统的法院系统来完成的话，是非常大的工作量，因而人工智能可以在这方面提供必要的技术支持。

具体来说，随着人工智能、大数据等科技走入法院，一些传统的或非传统

---

① RICHARD VAN HOOIJDONK. Can artificial intelligence help the wheels of justice turn faster？[EB/OL].（2019-07-15）[2019-08-08].https://richard vanhooij donk.com/blog/en/can-artificial-intelligence-help-the-wheels-of-justice-turn-faster/.

的办案难题均有望迎刃而解。例如，文书送达难是当前法院实践中的一个棘手的问题，表现为由于地址等联系方式不详、错误等，一直无法找到受送达人，或者受送达人故意逃避送达或拒收。司法文书的送达与否关系到案件后续程序能否如期实现，是当事人权益能否得到有效和及时保障的基础。通过人工智能技术下设计的电子送达系统，可以在得知受送达人的个别信息的情况下，进一步准确获取其有效的通信方式，还可以借助人脸识别、视频监控等技术进一步锁定其活动区域、往来人群等细节信息；进一步，可以通过短信、社交媒体、强制主页推送等形式送达司法文书，确保受送达人无法逃避送达或拒收文书。再如，互联网的快速发展，增加了个人网络信息泄露等跨区域的重大案件的发生概率，人工智能应用于司法，也促使当事人维权成本显著下降，这对法院而言是一种新的挑战，即法院的受案率猛增，累诉现象愈加严重。这是科技发展的双刃剑，法院既需要保持独立性，又需要借助于高科技带来的便利性。以电子卷宗、案件大数据资源库、法规类案推送、证据校验、文书自动生成等为代表的智能辅助审判系统有效提高了法院办案过程的简便化及高效化，缩短了庭审时间，真正意义上促进法院审判效率的普遍提升。①

二、促进公平

公平正义是司法活动的终极追求，实现司法公正，既需要实质上的公正，也需要程序上的公正，而且往往程序正义是实现实质正义的前提和保障。法律程序的正义要求公平、公开和广泛参与，人工智能应用于司法，首先就是要保障司法程序正义的实现。

表面上，法律是不以个人意志为转移的客观存在，而实际上法律是多种利益权衡的结果。既往的司法实践反复证明，司法裁判实质公正性往往取决于类案裁判的一致性。司法实践中，通常法官按照自己的理解解读法条，律师总是

---

① 高伟，张国鹏，刘浏. 智慧司法的研究与实践[J]. 邮电设计技术，2019（2）：57-62.

按照对当事人有利的方式解读法律。利益较量获得的裁量结果受到多种"不可控"因素影响。那么如何将裁判标准量化统一？如何避免法官认识上的差异？因此，人工智能运用于司法实践活动中，一定程度上能够促进司法公正。首先，人工智能的引入，可以发挥其在信息统计、资料归档和数据资源分析等方面的能力，能促使审务公开和审务透明度的提高。其次，它的记忆和检索的功能非常强大，能够为司法审判提供相对统一的推理和评价标准，从而辅助法官做出具有一贯性的判决。再次，机器没有物质欲望和感情生活，不会受到外界的干扰和侵蚀，较多地排除了人为的因素，相当程度上会减少某些不公正的司法审判现象，对促进社会公平正义具有重大作用。当然，法官能够根据社会的发展变化，适时做出价值判断和衡量，从而使案件得到更灵活的解决，这是目前人工智能还无法企及的一点。另外，智慧法院建设拓宽了当事人行使诉讼权利的途径。例如，当事人及其他诉讼参与人在无法从物理上亲自到庭的情况下，仍能有效地行使其程序性权利，如通过远程视频方式提供证据等。可见，通过智能化辅助判案系统的引入，可以促进类案同判、限制法官自由裁量权、避免审判风险。这将从根源上杜绝审判不公、同案不同判或者冤假错案的发生，从而促使司法公信力增强，实质正义得以实现。

  此外，避免司法腐败也是实现司法公正的有力保障。而司法程序越公开透明，就越能避免司法腐败问题的发生。人工智能技术的使用，让审判全流程可查询、可追踪，公众可以通过信息公开平台监督司法权的行使，对于审判人员而言是一种全流程的监督，倒逼审判程序的规范化，也势必最大限度地压缩了可能的寻租空间。①

---

① 寇梟立，李洪琳传统物理法院的技术革新之路：互联网时代纠纷解决机制的进阶发展[J]. 人民司法，2019（22）：60.

三、强化执行

法院生效裁判文书具有法律效力，但只有得到执行，司法的公平正义才算得上得到了实现。但长期以来，执行难问题困扰着法院和当事人。

对于被执行财产，一方面，可以运用网络财产查控手段，整合多个部门的数据，进行数据挖掘、关联分析等技术，可以在线完成对被执行人的财产查询、冻结、划扣，最大限度避免被执行人转移财产；另一方面，可以利用网络司法拍卖参与度高、成交率高、溢价率高等优势开发网络司法拍卖系统，解决财产变现难问题，最大限度地保护当事人的利益。对于被执行失联问题，可以借助网络，运用语音识别、图像识别、视频监控、大数据等技术，搜集被执行人在网络、社交等在线活动的信息数据，运用多维度的关联分析技术定位被执行人活动区域和联系人网络，曝光失信被执行人名单，与社会诚信体系全面联动。①

---

① 高伟，张国鹏，刘浏. 智慧司法的研究与实践 [J]. 邮电设计技术，2019（2）：57-62.

第五章

谨慎前行——为正义守住底线

当前和可预见的未来,人工智能在司法领域的使用也许仅限于特定的任务和环节。因为法官的工作需要广泛而综合的技能。因此,人工智能不可能完全取代人类法官的工作。将 AI 辅助引入司法机构很可能是一个渐进且缓慢的过程,始于 AI 辅助,终于 AI 法官与人类法官并行存在。

2010 年,在以色列进行的一项名为"司法裁决中的外部因素"的研究显示,与一天结束时相比,法官在开始之初接受假释的可能性要大得多。此外,如果囚犯在法官上午工作的第一个阶段开始时被审理,而不是在第一阶段要结束之时被审理,获得假释的机会就会增加 1 倍以上。作为一个案例研究,其中一名法官在上午工作的最开始时准许约 65% 的囚犯获得假释;到第一阶段结束时,该百分比下降到接近零,然后在零食休息后反弹至约 65%。在第二阶段和第三阶段,重复了相同的模式。① 在司法机构中使用 AI 有助于最大限度地减少诸如疲劳和情绪不稳定之类的外部因素的影响。但是,人工智能的决策可能会揭示出不同的人为的、结构性的偏见,这些偏见源于法律体系、人工智能的培训数据或人工智能的程序本身。

---

① SHAW K.To get parole, have your case heard right after lunch [EB/OL]. (2011-11-04) [2018-05-25]. www.wired.com/2011/04/judges-mentalfatigue.

对新兴技术的法律应用特别需要考虑这些技术带来的影响。尤其在这些技术进入事关社会公平正义底线的法院系统。AI 进入司法部门的过程很可能是一个渐进且缓慢的过程。以下，从区分 AI 在司法机构中可能扮演的 3 种不同程度的辅助角色展开叙述。

第一节 "AI 文献研究员"——无法避免的算法黑箱

法官会定期查询与特定案件有关的文献。此任务的性质可能有所不同，具体取决于输入的抽象级别。它可能在相对简单的命令（如"按作者 y 查找文档 x"）和复杂的请求（如"针对案例 z 查找所有相关文献并按相关性列出"）之间有所不同。

不止于查询文献，法官审判案件还需要丰富翔实的法律研究用于支撑决策。法律研究不能仅限于收集相关的案例或文章。法律研究的意义在于各个信息之间的联系和交流。信息的连接和结构化的方式影响着进一步的研究。换句话说，寻找信息并将其转化为法律专业知识是一个相互的过程。因此，在大多数情况下，委托给 AI 进行法律研究会丧失对某些关键问题的控制。

在法官使用 AI 进行法律研究之前，他们一般会向法官助理或专门的研究机构及人员提出研究需求和研究建议，法官助理或专门的研究机构及人员会依此搜索文献进行研究并得出结果。这种情况下，如果法官不是特别明确法官助理或专门的研究机构及人员的研究结论，他们之间有机会进行当面的专业探讨。但是如果用 AI 来做研究，其起作用的是一系列数据库背后的算法。算法是"一组逐步的指令，可以非常机械地执行，从而达到一定的效果"。尽管算法的参数始终相同，但是不断变化的数据集可能使其非常复杂且几乎不可预测。它在容量和速度方面更有效，但不如人类助理透明。而且法律数据库的搜索算法通常是商业秘密，因此故意缺乏透明度。

法律研究和决策是相互依存的。如果输入达到一定的抽象水平，则 AI 除了通过同时起草决定来搜索所需的文献外别无选择。下面的输入就是一个例子："找到案例 x 的相关来源，并按照它们在（未来）决策草案中的出现顺序列出。"在这种情况下，AI 文献研究员无法在不预期判决本身结构的情况下按正确的顺序列出资源。它需要形成一条面包屑的路径，从而使法官获得预先确定的机器生成的结果。

综上，人工智能在法院系统中的应用，存在一定的界限。AI 文献研究员为法官提供有关其研究功能的透明度是非常具有挑战性的。以风险点的角度来说，需防止在法律研究和决策中，以牺牲透明度为代价，来换取司法效率的提升。随着文献研究员从人类文体通过大脑发展到人工智能通过算法，确保法官与文献研究员之间的有效沟通的难度越来越大。因此，在这方面，促进算法或 AI 推理的可解释性至关重要。

第二节 "代言人"——过度依赖机器决策

如果法院的 AI 辅助设备发展到一定程度，人类法官很可能会倾向于采纳 AI 提供的意见，而不是反对 AI 的意见。因为统计数据表明，具有较高机器生成内容百分比的决策不太可能被高等法院推翻。采用基于证据的实践的基本原理与规范证据在很大程度上是不言而喻的。如果现有的最佳证据表明选项 x 最有可能产生理想的结果，那么人们就应该采用选项 x。[1] 一旦有了专家级的机器人，在某些情况下就更容易争辩说应该充分利用它们，因为有证据表明，在这些情况下，它们平均可以提供比人类专家更高的性能结果。同样，很难说它们不应该被充分利用。随着决策中机器生成内容的百分比不断增加，法官可能只不过是传递纯机器生成决策的渠道。然而，由于基于证据的推理倾向于适用 AI 提供的证据，所以人类放弃决策的倾向仍然存在。

---

[1] JULIUS B T. Artificial intelligence in court legitimacy problems of AI assistance in the judiciary [J].Sping, 2018, 2 (1)：41-59.

第三节　"有限司法权的 AI 官员"——人类法官与 AI 法官的合作

具有有限司法权力的 AI 官员的应用场景将人类法官的工作与 AI 的工作彼此分开。要求申请人向人工智能官员提起诉讼，然后再向人类法官上诉。人工智能官员将拥有司法权以自主决定案件。但是，对其决定提出上诉将自动使其无效。然后，人类法官将重新做出决定。该方案避免了由于基于证据的推理而导致与 AI 密切合作而放弃决策权的人类法官对 AI 的过度依赖。此外，它避免了所描述的人类思维与机器推理不兼容的问题，从而提出了一种替代方法，以促进对 AI 推理的可理解的解释。在这种情况下，AI 充当黑匣子，将案件（输入）的事实转化为法律后果（输出）。解释（如由不同的解释系统提供）被替换为可以请求对同一案件进行后续处理，完全由人决定。

如果人类法官和 AI 官员在一个案件中存在异议，要么 AI 犯了一个错误，要么人类法官犯了一个错误，要么该案例有多个正确的解释。基于证据的推理在这方面具有不同的作用，甚至具有建设性的作用：为了节省法律成本，上诉人最终只会将艰难的案件提交给人类法官，因为有证据表明，针对普通案件的 AI 决策只会被推翻几次。毕竟，在采用明确的规则时，AI 的构建要优于人类。在少数情况下，如果 AI 在确定普通案件时犯了一个明显的错误，则人类法官将充当纠正错误的安全网。具有有限司法权力的 AI 官员的这种情况与基于证据的推理兼容。人工智能能够比人类更快、更准确地判决普通案件，从而提高了司法效率。但是，通过在遇到挑战时自动使 AI 的决策无效，该问题到目前为止无法避免。当人类法官与 AI 之间在困难案件上存在分歧时，应遵循谁？

困难案例的定义特征是，它们不能仅提供一种正确的解决方案。当然可以将上级法院推翻的判决解释为错误的判决，但是这一论点只有在向最高人民法院及其判决本身提出之前，才是有效的。因此，基于证据的推理可能不适用于困难案件。另外，人类判断者和 AI 都可能做出错误的判断。同样，统计数据表明，与 AI 相比，人类判断错误的可能性更大。但是，与普通情况相反，我们无法证明 AI 错误，因为不能排除 AI 又找到了另一个正确答案。在这种情况下，AI 充当了黑匣子，没有为其决策提供解释。但是，解释恰恰是当（可能）获得同样正确的结果时最重要的。因此，在遇到困难的情况时，可以理解的理由比正确的可能性更高、更重要。在这种情况下，AI 裁决的优越性在发生困难案件的情况时就不存在了——限制因素不是技术而是人性。

可见，人工智能辅助和人类法官并行存在的情况依然有构成隐瞒放弃决策权的风险。为了防止这种情况，重要的做法是及时讨论如何将 AI 辅助纳入司法机构。讨论中的关键问题是让 AI 和人类法官相互配合工作？不是在制度上分开他们？在这方面，关键问题之一是促进人与 AI 之间的正常沟通。

AI 文献研究员的情形表明，法官的工作由相互交织的任务组成，这些任务无法彼此完全分开。因此，不可能简单地将法官的职业分为决策和非决策两个部分。AI 代言人的情况，则潜藏着人类法官过度依赖机器意见的风险。而在具有有限司法权的 AI 官员的情况下，为了平衡缺乏解释的情况，人类法官的后续决定将使认可机构的决定无效。对于普通案例，这只是 AI 错误情况下的安全措施。但是，在困难案例中，有不止一种正确的解决方案。当转向（可能）同样正确的结果时，推理最重要。对于棘手的案例，即使没有必要做出解释，由人为做出的决定也比没有解释的机器做出的决定更有价值，即使后者更有可能是正确的。因此，我们可以将简单案件委托给 AI，而无须放弃控制权。而将重案委托给 AI 既需努力以促进对 AI 决策的可解释性，还需谨慎防止由于基于证据的推理而导致结论的不可控的倾向。司法是具有经验和价值判断性质的工作，再聪明的机器或软件都不能完全替代法官的工作，只能为法官提供办案支持与辅助。法院的智慧来源于法官，而非技术公司。法院的人工智能，说到底是把法官的智慧整合好、利用好。

此外，在法院使用 AI，还需要克服大数据偏差导致的决策偏差。例如，使用犯罪风险评估算法来预测某人再次犯罪的可能性。此类软件配有犯罪历史数据，这些数据可能表明穷人或居住在特定社区中的人更容易犯罪。尽管相关性与因果关系不同，但高风险评分可能会迫使法官拒绝保释，并将该人送入监狱直到审判。这可能造成这些人们失去工作机会，甚至转向犯罪赚钱，进一步加剧了现有的偏见。早在 2013 年，在美国威斯康星州，埃里克·洛米斯（Eric Loomis）被判处六年监禁，其依据是算法预测他可能会犯下更多罪行。他要求重新审查技术公司 Equivant（以前称 Northpointe）开发的算法的公正性，但是该请求被拒绝，理由是它可能泄露了商业秘密。但是，在这种情况下，如果法官没有遵循算法提出的建议，也会引起一系列新的担忧。阿姆斯特丹地方法院前任资深法官多里·里林（Dory Reiling）说："如果法官的表现不符合人工智能提出的期望，那将是法院的合法性问题。"换句话说，人们很想知道为什么 AI 和法官的评估有如此大的差异。但是，尽管有很多缺陷，人工智能还是有很多好处。与人类法官不同，AI 的决定不会受到总统选举、足球比赛或天气条件的影响。此外，通过预测犯罪行为，法律体系可以更有效地分配资源并减少法院案件的积压。

高新技术可以帮助我们建立更有效的法律体系，但我们必须以应有的严肃态度来解决这个问题。预测性司法要求算法遵守关键原则，如尊重人权和不歧视。人工智能工具应易于访问和被理解，并接受外部审核。为了确保所有人都能得到公正的审判，律师和法官都需要接受有关如何使用新技术的培训。毕竟，当今的法律挑战只是对未来的一瞥，人工智能将渗透到我们生活的方方面面。定义我们对这项技术的方法将使今世后代受益。

第三篇

典型国家的智慧法院建设情况

  随着人工智能的深入发展,各国司法机构正在通过数字化转型,从纸质化系统向电子和在线系统转变,实现电子方式提交和访问相关文件、智能庭审、在线解决纠纷等,进一步提高司法效率和公正。本篇简要介绍美国、欧盟、英国、日本和韩国的人工智能战略和智慧法庭建设实践。

第六章

美国

第一节 美国人工智能战略概述

2019年8月,美国数据创新中心发布名为《谁将赢得人工智能竞赛:中国、欧盟还是美国》的报告,从人才、研究、发展、应用、数据和硬件六大指标数据分析对比了欧盟、美国、中国在人工智能领域的发展情况。报告认为,美国目前在人工智能方面处于领先地位,中国紧随其后,而欧盟则相对落后。尽管美国在人工智能领域的实力无可比拟,但目前尚未形成国家层面的人工智能战略,而是通过总统宣言、总统行政办公室及其下属机构等发布研究报告等形式对美国人工智能发展做出战略部署。

一、奥巴马政府时期的人工智能战略

美国在奥巴马政府时期就已通过发布3份重要的独立报告,为美国人工智能战略未来发展奠定了基础。第一份报告是国家科学与技术委员会(The National Science and Technology Committee, NSTC)下设的机器学习与人工智能分委会(The Subcommittee on Machine Learning and Artificial

Intelligence，MLAI）于 2016 年 10 月发布的《为人工智能的未来做好准备》(Preparing for the Future of Artificial Intelligence) 报告。为了对人工智能在未来发挥更大作用做好准备，委员会对人工智能现状、现有和潜在应用，以及人工智能发展过程中对社会和公共政策提出的问题进行了调查研究。报告就人工智能在公共领域的应用、人工智能在联邦政府的应用、人工智能及监管、研究及人员队伍建设、人工智能、自动化和经济，以及公平、安全和问责制等方面提出 22 条建议。在公平、安全和问责制问题上，报告指出，法律和治理、人工智能促进社会公益及社会和经济影响的一个共同主题是，需要确保人工智能促进正义与公平，并且基于人工智能适用的程序需对利益相关方负责。在刑事司法系统中，大数据应用过程中最令人担忧的是缺少数据和缺乏高质量的数据。而人工智能的有效应用就依赖于高质量的数据。如果数据不完整或有偏差，则人工智能可能会使偏差问题加剧。在刑事司法环境中应用人工智能时必须意识到当前数据的局限性。为此，报告建议，使用基于人工智能的系统对个人事项进行决策或为后续决策提供支持的联邦机构，应当对确保该系统的有效性和公平性予以重视，利用经验依据予以验证。①

第二份报告是 NSTC 下设的网络与信息技术研究发展分委会（The Networking and Information Technology Research and Development Program，NITRD）于 2016 年 10 月发布的《国家人工智能研发战略计划》(National artificial intelligence research and development strategic plan)。该战略计划为美国联邦政府资助人工智能研究制定了一系列目标，这些研究既包括政府内部的研究，也包括政府部门以外的学术研究，以期通过研究获得新的人工智能知识和技术，从而对社会产生效益，同时最大限度地减少负面影响。为了实现此目标，该战略计划确定了联邦政府资助人工智能领域研

---

① National Science and Technology Council. Preparing for the Future of Artificial Intelligence [R/OL]. (2016-10-25) [2019-12-23]. https://link.springer.com/article/10.1007%2Fs00146-016-0685-0.

究的 7 项优先事项，包括：一是对人工智能研究进行长期投资；二是开发人类与人工智能有效协作的方法；三是理解并解决人工智能的伦理、法律和社会影响；四是确保人工智能系统的安全可靠性；五是建立用于人工智能培训及测试的公共数据集和环境；六是制定标准和基准以测量和评估人工智能技术；七是更好地了解国家人工智能人力需求。①

第三份报告是总统行政办公室于 2016 年 12 月发布的《人工智能、自动化与经济报告》（Artificial Intelligence, Automation, and the Economy）。该报告深入研究了人工智能驱动的自动化对经济产生的影响，并提出三大应对策略以解决由于这些技术的到来造成的经济混乱，并为因人工智能、自动化及其他因素造成的经济长期趋势做好准备。一是投资和发展人工智能可以产生诸多益处。政府投资研发在促进人工智能领域发挥重要作用。二是为未来的工作需求教育和培训美国人民。随着人工智能改变工作性质和劳动力市场所需技能，需对美国人民进行必要的教育和培训。三是向处于转型期的工人提供帮助，并使其共享经济增长。②

二、特朗普政府时期的人工智能战略

特朗普上任初始，并未就美国人工智能战略提出明确意见，而近两年来动作频频，积极捍卫美国在人工智能领域的领先地位。2018 年 5 月，白宫举办了人工智能峰会，以期讨论人工智能前景及为实现美国人民取得进步所需的政策，并确保美国在人工智能时代继续保持领先地位。此次峰会主要讨论焦点是跨领域问题，如人工智能研发生态系统、人才队伍建设、监管壁垒、人工智能创新

---

① National Science and Technology Council. The National Artificial Intelligence Research and Development Strategic Plan [R/OL]. (2016-10-12) [2019-10-23]. https://www.nitrd.gov/PUBS/national-ai-rd-strategic-plan.pdf.
② Executive Office of President. Artificial Intelligence, Automation, and the Economy [R/OL]. (2016-03-24) [2019-04-28]. https://scipol.duke.edu/track/artifical-intelligence-automation-and-economy-agency-repr ot artificous-intelligence.

及人工智能在特定行业的应用等。在会上发言中，白宫科学和技术政策办公室副主任 Michael Kratsios 宣布现任政府制定的四大目标：一是保持美国在人工智能领域的领先地位；二是发展美国劳动力；三是推动人工智能研发；四是消除创新壁垒。会议同时宣布 NSTC 下设人工智能特别委员会，以对 NSTC 完善联邦政府人工智能研究与开发工作提供建议和协助。①

根据美国联邦法院于 2019 年 9 月对外发布的《联邦司法部门信息技术长期规划》，该规划旨在利用潜在的技术识别并满足法院工作人员和公众的信息服务需求，使其享有诉诸法院的权利。该规划确定了美国联邦司法部门在未来 3～5 年内布局信息技术的四项重点工作：一是继续建立和维护健全且灵活的技术系统和应用程序，以预见并响应司法部门对有效通信、记录存储、电子案件归档、案件管理和行政支持的要求；二是从司法部门的角度协调和整合国家信息技术系统和应用程序，并更充分地利用本地政策完善相关服务；三是开发系统范围的技术利用方法，以提高性能并节约成本；四是完善和更新安全措施，以确保司法部门相关记录和信息的机密性、完整性和可用性。② 2019 年 9 月，白宫再次举办人工智能峰会。会议指出，特朗普总统于 2019 年 2 月 11 日签署的第 13859 号行政命令——《确保美国人工智能领导地位的行政令》（Executive Order on Maintain American Leadership in Artificial Intelligence），发起的美国人工智能倡议（American AI Initiative），是美国人工智能战略。该倡议指出，联邦机构在推动人工智能发展方面需注重 5 个重点领域，即人工智能研发、数据和计算资源、技术标准和治理、教育和人力资源培养、国际合作。联邦政府将通过跨机构合作及与私营部门和学术界的合作，提出应对举措，使政府转型以降低成本，提高服务质量和效率，并赋予全民权力。此外，白宫表

---

① The White House Office of Science and Technology Policy.Summary of the 2018 White House Summit on Artificial Intelligence for American Industry [R/OL].(2018-05-10)[2019-11-17].https://www.hsdl.org/？view&did=811092.
② Long Range Plan for Information Technology in the Federal Judiciary.[R/OL](2019-09-21)[2020-07-01]. https://www.uscourts.gov/sites/default/files/it_long_range_plan_fy_2020_0.pdf.

示将建立人工智能卓越中心，旨在帮助各机构应用人工智能推动政府变革进程。[①]

第二节 美国智慧法院建设实践

美国智慧法院建设由来已久。位于美国弗吉尼亚州的威廉和玛丽法学院与美国国家州法院中心（The National Center for State Courts）于1993年联合启动了"21世纪法庭"（Courtroom 21）项目，该项目在麦克格劳斯林（McGlothlin）法庭为法院行政人员、技术专家和书记员、法官、法学教授和律师展示可用于提高法院、诉讼和法律实践水平的技术，不仅包括特定的硬件和软件演示，还包括对使用给定技术的法律和实用意义的讨论。[②] 受该项目启发，第九巡回法院于1998年创建了"Courtroom 23"并使用了多项新技术和新设备，包括数字文档照相机、触摸屏显示器等各种用于证据展示的设备，法庭还安装了6台摄像机以供法院网站进行现场直播。美国密歇根州则以"21世纪法庭"项目为蓝本建立了全球第一个在线法院。由于案件数量增加及提高法院管理能力和司法公正效率的需求，2001年1月，密歇根州州长John Engle在其州政府演讲中首次提出建立在线法院（Cyber Court），以期通过发挥在线法院和税收优惠政策的重要作用，吸引更多的信息技术公司到密歇根州开展商业活动。建立该法院的相关法律于2001年12月获得正式通过，并由州长于2002年1月9日签署实施。在线法院的法官需要具备商业诉讼方面的专业知识，并可熟练将相关技术应用于法院诉讼程序。在线法院所有诉讼程序将通过电子方式进行，包括但不限于视频、音频或互联网会议。由于在线法院对案件审理的时间和地

---

① The White House Office of Science and Technology Policy. 2019 White House Summit on Artificial Intelligence for American Industry[R/OL]. (2019-09-09) [2019-10-20]https://www.white house.gov/wp-c ontent/up loads/2019/09/Summary-of-White-House-Summit-on-AI-in-Goverment-september.2019.pdf.
② FLYTHE T.The courtroom 21 project: a light at the end of the legal technology tunnel [EB/OL]. (2016-10-07) [2019-10-11]. https://techno logy.find law.com/modern-law-practice/the-courtroom-21-project-a-light-at-the-end-of-the-legal.html.

点要求更为灵活，法官可以选择当事人双方都更为方便的方式进行案件审理，并通过互联网同时向公众转播。网络法院受理的案件主要为商业案件，以及商业不动产纠纷、商业保险、合同纠纷等事项，对侵权纠纷、劳动纠纷、刑事犯罪和执法等事项则不具有管辖权。① 目前，美国各州除采用在线法院模式外，还将人工智能技术广泛应用于侦查破案、风险评估、预测案件结果等多个领域。

（1）应用基于人工智能的风险评估工具。将风险评估工具应用于美国刑事司法系统并不是一件新鲜事，美国相关机构研发了许多工具，以实现简易程序和司法公正。使用犯罪记录和人口统计信息预测再次发生危险的统计模型至少可以追溯到20世纪30年代，当时伊利诺伊州的官员在假释决定中使用了风险评估机制。随着人工智能、算法等技术的应用，美国开发了COMPAS、PSA等风险评估软件，多用于帮助法官判断被告人是否必须采取审前羁押，或是可以保释等情形。目前，美国已有一半以上的州利用这些软件来辅助法官量刑。评估的形式、长度和内容及所使用的标准差异很大。最简单的风险评估工具仅使用犯罪记录和先前开庭日期等客观标准，而其他工具则使用被告问询内容等主观标准。根据司法管辖区的不同，可以将客观标准和主观标准融入算法中，以提供风险评分，或由法官单独裁量。数据显示，目前至少有90%的审前报告使用某种形式的正式或非正式风险评估工具，其中有24%的风险评估工具仅使用客观标准，12%仅依靠主观标准，64%使用客观和主观标准相结合的方式。② 但没有一项技术可以确保其应用结果是万无一失的，因为技术是人为设计、人为运行的，在整个过程中一定程度上存在人为错误的余地。

（2）应用人工智能技术协助开展侦查。美国多地警方正在部署大数据驱动的警务风险评估软件用于"预防性侦查"，将犯罪控制在萌芽状态。在纽约、

---

① LUCILLE M. The michigan cyber count: A bold experiment in the development of the first public virtual courthouse [J]. North Carolina jouranal of law and technology, 2012, 4 (1): 1114-1117.
② CYNTHIA A, MAMALIAN D.State of the science of pretrial risk assessment [M]. Pretrial Justice Inst, .

洛杉矶、芝加哥和迈阿密等城市，智能软件根据过去保存的犯罪数据预测哪些犯罪高发区域可能出现新的苗头，警察便会提前做好布控巡逻。智能系统使犯罪分析实验室能在顷刻之间完成从前需要动用大量警力的工作。①美国特拉华州警方也准备在巡查车上部署"智能"摄像机，以帮助当局发现载有逃犯、失踪儿童或迷路老人的车辆。提供设备的公司 Coban Technologies 表示，将使用人工智能技术对视频进行分析，以通过车牌或其他功能识别车辆，并更好地布控巡逻人员。总部位于美国的初创公司 Deep Science 也正在使用相同的技术，通过识别枪支或遮面的袭击者，帮助零售商店实时检测是否发生了持械抢劫。

（3）应用人工智能预测案件审理结果。曾有学者使用机器学习来尝试预测美国法院法官对于庇护案件的裁判决定。事实证明，仅使用有关法官的身份和寻求庇护者的国籍等信息，就可以很好地预测法官在案件开庭之前将如何裁决。而在美国，一项新的研究也表明计算机能够比法律人士更好地预测最高人民法院的判决。2011 年，研究项目使用了 1953—2004 年的美国联邦最高人民法院 8 位大法官的表决，预测了相同情况下第 9 位法官的投票，最终准确率为 83%。②2004 年，一篇论文试图通过使用自 1994 年以来 9 位法官的判决展望未来，以预测 2002 年任期的结果，该方法的准确率为 75%。该项新研究利用了更为丰富的数据集，可以随时预测任意一位法官的行为。研究人员使用最高人民法院数据库构建通用算法，该数据库包含 1791 年以来的案件信息，以预测任何法官的投票结果。他们记录了法官每次投票的 16 个特征，包括任期、问题和初审法院等。研究人员还添加了其他因素，如是否进行口头辩论。该算法预测了法院从 1816—2015 年的 28 000 个判决中法官投出的 24 万票投票结果，最终准确率

---

① 陈邦达．人工智能在美国司法实践中的运用[EB/OL]．(2018-01-08) [2019-10-25]. http://ex.cssn.cn/zx/bwyc/201804/t20180411_3944566.shtml.
② 陈邦达．人工智能在美国司法实践中的运用[EB/OL]．(2018-01-08) [2019-10-25]. http://ex.cssn.cn/zx/bwyc/201804/t20180411_3944566.shtml.

分别为 70.2% 和 71.9%。①

（4）应用人工智能对罪犯进行管理监督。人工智能技术的发展有助于美国全境各地的监狱看守和警务人员得以同时监管数千名或者上万名罪犯，阻止其发生暴力、毒品走私、自残等行为。根据媒体报道，尽管罪犯在被允许拨打监狱电话通话之前都有法律强制性警告表明其谈话正在被记录和监控，但仍有罪犯在电话中进行威胁或者教唆开展犯罪行为。在此背景下，使用基于人工智能系统的语音识别技术、语义分析和机器学习软件，可以有效记录和监控罪犯行为。通过将人工智能和预测性策略分析、计算机辅助响应和视频监控等相结合，执法部门将能够更好地响应事件、预防威胁、采取干预措施，以及调查和分析犯罪活动。

但是实践中，仍存在质疑司法人工智能化的声音。例如，卢米斯诉威斯康星州法院案件中，被告卢米斯因偷窃一名枪击者在犯罪现场遗弃的汽车，而被警察误认为其是枪击者而被逮捕。在量刑过程中，威斯康星州法院采用了 COMPAS 风险评估工具，由于卢米斯存在偷窃前科和拒捕行为，COMPAS 认为卢米斯在释放后再犯风险极高。根据该预测结果，法官裁决他服刑 6 年。尽管卢米斯提起上诉，但是威斯康星州高级法院还是维持了下级法院的判决。该案引发了社会对基于人工智能技术的风险评估工具公正性的探讨。算法最终可能会取代法官自己的判断，甚至可能使表面上中立的偏见长期存在。在未完全确保算法公正性的前提下，法官不应高度依赖于风险评估工具预测结果对被告予以量刑裁判，而是应加入人类智慧予以公平裁决。

---

① Artificial intelligence prevails at predicting supreme court decisions [EB/OL]. (2017–05–05) [2019–11–23]. https://www.science mag.org/news/2017/05/artificial-intelligence-prevails-predicting-supreme-court-decisions.

第七章 ● · · ·

欧盟

第一节 欧盟人工智能战略概述

面对中国、美国在人工智能领域强劲的发展态势,欧盟也加紧在该领域的布局。自 2004 年以来,欧盟研究与开发框架计划就一直关注人工智能领域。欧盟于 2014 年启动的为期 7 年的"地平线 2020"(Horizon 2020)计划认识到人工智能在未来科学技术领域的重要作用,明确要加大对未来机器人和其他人工智能系统等方面领域的投入,促进教育和培训体系升级,研究和制定人工智能新的道德准则,促进其蓬勃发展。作为"地平线 2020"的延续,欧盟委员会于 2018 年 6 月提出"地平线欧洲"(Horizon Europe)计划①,确定欧盟在 2021—2027 年拟重点投入的优先事项。该计划中所涉及的"数字欧洲"(Digital Europe)计划于 2021—2027 年提高对高性能计算和数据、人工智能、网络安全和先进数字技能等领域的投资,投资金额高达 92 亿欧元,其中人工智能领域为

---

① Proposal for a Decision of the European Parliament and of the Council on Establishing the Specific Programme Implementing Horizon Europe the Framework Programme for Research and innovation [R/OL]. (2018-06-27) [2019-10-11]. https://ec.europa.eu/commission/sites/beta-political/files/budget-may2018-horizon-europe-decision_en.pdf.

25亿欧元。该计划指出，人工智能是未来几年实现经济增长和应对社会挑战的最具有前途的技术之一。基于人工智能的创新浪潮将不仅对数字产品和服务产生深远影响，而且还将对传统行业和非ICT行业产生深远影响，并将有助于改善人们的日常生活。

欧盟委员会于2018年4月起提出了一系列措施，以增加公共和私人领域对人工智能的投资，为社会经济变化做准备，并确保适当的道德和法律框架。2018年4月25日，欧委会提出了人工智能战略，认为欧盟应该采取协调一致的方法，以充分利用人工智能提供的机会并应对它带来的新挑战。欧盟可以在其价值和优势的基础上，发展和使用人工智能，从而造福所有欧洲人民。欧盟可以利用世界一流的研究人员、实验室和创业公司、数字单一市场，以及可供人工系统使用的大量产业、研究和公共部门数据等发展人工智能。2018年4月10日，欧盟24个成员国和挪威承诺就人工智能开展合作。战略的目标是，促进欧盟在整个经济中的技术和工业能力及人工智能技术的应用，为社会经济变化做好准备，确保建立适当的道德和法律框架，确保各方的共同努力。为支持发展人工智能，欧盟委员会将在"地平线2020"计划下增加对人工智能的投资，到2020年年底投资额将达到约15亿欧元。这些投资旨在巩固人工智能的研究和创新，鼓励进行测试和实验，加强人工智能卓越研究中心建设。欧盟委员会还将在基础研究和产业研究中支持人工智能技术。这包括对关键应用领域的项目进行投资，如卫生、自动驾驶、农业、制造业、能源、下一代互联网技术、安全和公共行政（包括司法）等。欧盟拥有强大的科学和工业基础，并拥有领先的研究实验室和大学、公认的机器人技术领导者及创新型初创企业。欧洲具有完善的法律框架，可在促进创新的同时保护消费者，并且正在建立数字单一市场方面取得进展。该战略中所确定的人工智能发展方向强调了在欧洲层面形成合力的必要性，以确保所有欧洲人民都参与数字化转型，确保有足够的资源投入人工智能领域，并确保欧盟的价值观和基本权利处于人工智能领域的最前沿。

为落实4月份公布的《欧盟人工智能战略》，欧盟于同年12月发布了《人工智能协调计划》，以促进欧洲人工智能的研发和应用。①计划指出，一是要以共同目标为基础开展联合行动，本文件为各国人工智能战略提供了框架。欧盟目前在人工智能领域的私人投资方面处于落后地位。如果不付出巨大努力，欧盟将有可能失去人工智能提供的发展机遇。为此，联盟将扩大对人工智能的公共和私人投资。首先，欧盟委员会将在"地平线2020"计划框架下于2018—2020年对人工智能的投资金额增加至15亿欧元。相对于2014—2017年，该金额增加了70%。如果成员国公共部门和私营部门做出类似努力，则预计到2020年，欧盟对人工智能领域的总投资将增长至200亿欧元以上。二是建立欧盟人工智能公私伙伴关系，并为初创企业和创新型中小企业提供更多的融资。欧盟委员会将召集相关企业和研究机构共同制定有关人工智能的战略性文件，确定符合市场需求的优先事项，并鼓励部门之间合作和跨境交流。此外，委员会旨在为人工智能和区块链中的初创企业和创新者提供可用资源，以帮助他们发展业务。同时，委员会正在建立欧洲创新理事会，以支持尖端技术和最具创新性的初创企业取得进展。三是加强可信赖的人工智能技术的应用并予以广泛传播。成员国和委员会旨在通过更紧密的欧洲人工智能卓越研究中心网络，促进欧洲最好的研究团队之间的合作，以便他们通过合作能更有效地应对人工智能领域重大科学技术挑战。作为2016年通过的《欧洲数字化产业战略》的一部分，委员会已经在智慧农业、智慧城市及自动驾驶汽车等领域支持大规模的试点和试验。通过提高公众认识并共享最新的科学进展，以及在欧洲开发经过试验和检验的最先进技术，确保大型企业、非科技企业，以及公共部门，可以抓住数字机会。四是完善学习和培训体系，以更好地为人工智能做好准备。技术变革将改变工人的技能要求，因此需要更加注重终身学习。几乎所有欧盟成员国都面临着信息和通信技术专业人员的短缺，优秀人才受到全球各国的追捧，欧盟必须具备吸引和留住优秀人才的能力。委员会将通过拟议中的人工智能研究卓越中心与

---

① Coordinated plan on Artificial Intelligence [R/OL]. https://ec.europa.eu/digital-single-market/en/news/coordinated-plan-artificial-intelligence.

更广泛的欧盟研究与创新计划之间开展更紧密的合作，为人工智能硕士和博士学位提供支持。五是建立对欧洲人工智能，包括公共部门在内的重要的欧洲数据空间。人工智能的进一步发展需要基于在信任、数据可用性和基础架构之上形成的功能完善的数据生态系统。《通用数据保护条例》是对数据单一市场信任的基础，它建立了一个新的全球标准，重点关注个人权利，反映了欧洲的价值观。委员会希望鼓励欧洲数据保护委员会就研究范围内的个人数据处理问题制定准则。这将有助于开发可用于人工智能的大型跨国研究数据集。六是制定具有全球视野的道德准则及创新型法律框架。为了使社会接受，并确保使用人工智能所必需的信任度，人工智能技术应该具有可预测性、可任性、可验证性，并且应尊重基本权利和遵守道德准则。否则，使用人工智能可能会导致不良后果。人工智能的进一步发展还需要灵活的监管框架，以促进创新，同时确保高水平的保护和安全。七是人工智能应用和基础设施、国际安全议程相关安全问题。在数字经济和社会的诸多领域中，人工智能应用的潜力和敏感性不断提高，这意味着人工智能的网络安全要求非常重要。对人工智能在武器系统中的应用也将予以严格规制。

第二节　欧盟智慧法院建设实践

欧盟司法效率委员会（European Commission for Efficiency of Justice, CEPEJ）在发布的《关于人工智能在司法系统及其政策环境应用的欧洲道德宪章》[①]报告中，提出了人工智能应用过程中应当遵循的五项原则：一是尊重基本权利原则，即确保人工智能工具和服务的设计和实现与基本权利相符；二是非歧视原则，即防止个人或群体之间出现任何歧视现象或加剧歧视；三是质量和

---

① European Ethical Charter on the Use of Artificial Intelligence in Judicial Systems and Their Environment [R/OL]. (2018-07-23) [2019-11-27]. https://rm.coe.int/ethical-charter-en-for-publication-4-december-2018/16808f699c.

安全性原则,即关于司法判决和数据的处理应在安全的技术环境中使用经过认证的数据,以及以多学科方式构想的模型;四是透明、公正和公平原则,即数据处理方法易于使用和理解,并接受外部审计;五是"用户控制"原则,即确保用户对数据的使用知情,且可以控制自身选择。目前,欧盟智慧法院主要包括数据信息化建设、判例搜索、在线纠纷解决平台、案件管理等内容。

在推动欧盟电子政府建设方面,尽管欧盟致力于推进一体化建设,但欧盟各成员国国情、法律政策环境、经济情况都存在差异。欧盟公民在一定程度上并未实际享受到欧盟一体化带来的法律上的便利,在欧盟不同国家进行法律活动时仍需要了解各国独特的法律体系。因此,欧盟在推动电子政府建设过程中,基于 e-CODEX 项目建设了 e-Justice 信息门户网站(https://e-justice.europa.eu),为各成员国提供了获取相应法律信息的有效途径,并进一步推进欧盟内司法便利。欧洲公民通过登录 e-Justice 网站,可以了解关于欧盟司法系统的详细介绍,还可以进行法律咨询和服务,大幅减少了公民的时间成本和经济成本。爱沙尼亚政府还建立了在线政府数据库,通过 X-road 技术相互链接,简化数据共享。爱沙尼亚居民可以通过登录政府数字门户提交电子表格,确定访问其个人信息的主体等。数据显示,爱沙尼亚超过 2/3 的成年人通过互联网提交政府表格,几乎是欧洲平均水平的 2 倍。

在在线纠纷解决方面,所有欧洲法院都承认其在不同程度上面临重复的低价值民事诉讼问题。通过信息技术促进纠纷解决已为广泛接受。荷兰和拉脱维亚等国已经实施或将要实施在线解决小额纠纷。在在线纠纷解决平台及机制设立方面,欧盟委员会主要通过发布条例和指令等文件对欧盟成员国在线纠纷解决机制的建立提供指导。根据欧盟法律相关规定,欧盟成员国需将文件内容转化为国内法予以实施。欧盟于 2013 年发布了两项文件,即《关于在线解决消费者争议并修正第 2006/2004 号(欧洲共同体)条例及第 2009/22 号指令的第 524/2013 号(欧盟)条例》(以下简称《条例》)和《关于替代性解决消费者争议并修正第 2006/2004 号(欧洲共同体)条例及第 2009/22 号指令的第

2013/11 号（欧盟）指令》（以下简称《指令》）。根据规定，《指令》必须在 2015 年 8 月 9 日转化为各成员国的国内法。《条例》的目的是建立欧盟内部的在线纠纷解决平台，促进内部市场，形成简易、高效、快速和低成本的纠纷解决方式。欧盟在上述两项立法的基础上，投入 45.86 亿欧元的财政支持与相关的人力支持，建立泛欧盟的在线纠纷解决平台，该平台将在 2016 年初正式开通运行。上述两项立法的实施将从根本上改变欧盟消费者救济问题上的困境，从而提高消费者的消费信心、推动欧盟经济的实质发展。如果跨境远程消费的障碍能被排除的话，预计欧盟的远程消费者市场规模将会扩大 1900 亿欧元。[①]

在电子诉讼系统建设方面，视频会议系统的建立，有效提高了法院的工作效率并大幅节省了司法成本。视频会议不仅可以使证人无须担心自身安全或隐私受到威胁，按照法律要求出庭作证进行法律陈述，还可以打破地域限制，实现案件远程审理，此外，司法人员还可利用该系统及时了解突发情况、协调工作等。例如，ezTalks Meetings 视频会议解决方案可以使法官与陪审团甚至法律文员保持联系，以便随时进行在线会议，而且它完全支持屏幕共享、实时聊天等。陪审团和办事人员可以随时随地轻松地通过 Mac、Windows 计算机和智能手机参加会议，并陈述自己对案件的看法。为方便境外证人、被告人等参加诉讼，荷兰于 2007 年起在全国范围内引入视频会议系统，设备安装地点将包括所有法庭、拘禁场所及羁押候审中心等。视频会议暂时只能适用于处于诉讼案件中的在荷兰境外的外国国民、证人、专家，以及被监禁的被告或者其他相关的诉讼当事人。视频会议系统有望能够降低转移犯人的成本、减少因调查取证所产生的交通费用。[②] 德国也于 2013 年正式颁布实施《加强法院程序和检察署程序中使用视频技术的法律》。在颁布该法律文件之前，法院可以依据当事人申请使用视频技术，但根据该法律文件修订后的《德国民事诉讼法》规定，法院可以依申请或依职权许可当事人、诉讼代理人和辩护人在言词辩论期间停留

[①] 于颖. 欧洲消费者纠纷的非诉解决机制 [N]. 人民法院报，2015-08-21.
[②] 余佳，译. 荷兰在全国范围内引入视频会议系统 [J]. 环球法律资讯，2018（314）：17-24.

在其他地点,并在那里实施程序行为。审理以图像和声音的形式同步向该地点和庭审房间转播。此外,德国还通过《电子签名法》《电子签名条例》《电子司法法》《关于在司法中使用电子通讯方式的法律》《第二次司法现代化法》等法律文件推动了司法电子化的发展。在这些规范的基础之上,德国围绕着电子商事登记、电子法院政务邮箱(www.egvp.de)、网络视频记录、网络调解、声音识别和电子速记、电子送达、当事人与法院之间的电子联络等内容进行了改革。①

在案件证据收集和调查方面,在司法程序之前或移交法院之前使用"警务预测"工具的比例迅速增长,并开始为公众所熟知。相关人员通常使用基于人工智能的计算机工具确定可能发生犯罪行为的地点和可能实施犯罪行为的嫌疑人,从而防止犯罪行为的发生或更有效地开展诉讼工作。一些"警务预测"工具用于防止某些具有规律性的特定类型的犯罪行为发生,如入室盗窃、街头暴力、车辆盗窃等。该工具可以准确定位犯罪行为发生的地点及时间,并能够以热点形式将这些信息反映到地图上,由巡逻人员实时监控。大数据分析越来越多地应用于罪行确定及起诉中。例如,欧盟成员国可利用国际刑警组织管理的国际儿童性剥削数据,通过分析受害者影像中的家具和其他物体,或者分析视频中的背景噪声等帮助识别受害者。使用 Connect 等系统,以前需要进行长达数月的搜索调查工作,现在可以在几分钟内完成。

在案件结果预测方面,欧盟法院极少在刑事审判中使用风险评估工具,但相关测试仍在进行之中。谢菲尔德大学和宾夕法尼亚大学的研究人员开发的人工智能方法,已可对欧洲人权法院的司法判决进行预测,准确度可达 79%。该方法通过使用机器学习算法自动分析案例文本,从而预测法院裁判结果。在开发该方法时,研究小组发现欧洲人权法院的判决与非法律事实高度相关,而不是直接与法律论点相关,这表明法院法官在法律理论的术语中是"现实主义者"

---

① 周翠. 德国司法的电子应用方式改革[J]. 环球评论,2016(1):114–117.

而不是"形式主义者"。研究人员指出,先前的案件判决预测研究多是根据犯罪的性质或每个法官的政策立场来预测结果,而此次是首次使用法院对案文的分析来预测判决。此类预测方式可以提高效率,但如果要加以应用,则需要对更多提交至法院的案件数据进行测试并充实数据库。①

《关于人工智能在司法系统及其政策环境应用的欧洲道德宪章》报告对欧盟及成员国法院在司法过程中使用人工智能的可行性和形式进行了研究。鼓励使用人工智能技术的领域,具体包括:一是法律信息搜索,机器学习、自然语言处理等技术的应用可以对传统的关键字或全文搜索方式进行补充,可以通过此类工具或者数据可视化技术等获取宪法和公约、法律、案例、法律理论等信息;二是便捷法律程序,聊天机器人可以通过自然语言设置便捷访问各种现有信息源,并在线生成法律文件范本;三是创建新的战略工具,将数据科学和人工智能技术应用于法院数据,可以通过如进行定量和定性评估并做出预测等形式来提高司法效率,节省司法成本。在协助拟定某些民事纠纷的索赔比例及金额、民事领域替代性争端解决、在线争议解决、在侦查中使用算法以识别实施刑事犯罪所在地等方面应当予以谨慎使用。在上述领域,不仅要保持信息的准确性和完整性,还要确保算法的公正性,以避免判决产生偏颇。

---

① AI predicts outcomes of human rights trials [EB/OL]. (2016-10-24) [2019-11-07]. https://www.ucl.ac.uk/news/2016/oct/ai-predicts-outcomes-human-rights-trials.

第八章

英国

第一节　英国人工智能战略概述

英国是计算机之父、人工智能之父艾伦·麦席森·图灵（Alan Mathison Turing）的故乡，引起全球"人工智能热"的AlphaGo也来自英国公司DeepMind。因此，英国在人工智能领域的地位和作用不容忽视。英国议会认为，在21世纪期间，英国在人工智能发展方面具有成为世界领先者的有利地位，拥有领先的人工智能企业、活跃的学术研究文化、充满活力的创业生态系统，以及与此密切相关的法律、道德、金融和语言实力。[1]

近年来，英国政府就人工智能发展频频发布报告，明确未来发展方向及政策保障。2017年10月，英国政府发布由南安普敦大学计算机科学教授Dame Wendy Hall和英国技术公司BenevolentTech首席执行官Jérôme Pesenti形成的《在英国发展人工智能》（Growing the Artificial Intelligence Industry in

---

[1] House of Lord. AI in the UK: Ready, Willing and Able？[R/OL]. (2018-06-06) [2019-11-24]. https://mp.weixin.99.com/s?STC=11&rer=20938&signature=j9YYHrdPVN/QQwqqtVCC50Em51i9CRkyEC8-9fFMdijT3FrkzFBfzyPDE6wLwExm9w8maglh-new=1.

the UK）报告。① 报告指出，越来越多地使用人工智能，可以为英国带来巨大的社会和经济利益。借助人工智能技术，计算机可以以比人类更高的准确性和速度分析和学习信息。英国计算机科学的先驱图灵被广泛认为是人工智能的灵感和动力来源。尽管其他国家和国际企业在人工智能开发方面进行了大量投资，但至少在目前，英国仍被视为人工智能专业人才和知识聚集地。该报告建议在图灵的基础上更好地发展人工智能，以确保英国的领先地位。报告指出，应结合大量新数据，提供具有特定高水平技能的专家，以及日益强大的计算能力等关键因素，综合提升人工智能的能力，并提出18条建议。在提高英国在更广泛领域中访问数据的便利性方面，报告建议：建立数据信任，提高数据共享的信任度和简易度；使更多研究数据实现机器可读；支持文本和数据挖掘作为研究的标准和必要工具。在人才培养方面，报告建议：由企业资助人工智能硕士课程；通过市场调研设立人工智能课程，以满足雇主的多方面需求；在英国领先大学的人工智能领域增加 200 多个博士学位，吸引来自世界各地、拥有不同背景的人才；设置人工智能在线课程和专业技能培训；实现人工智能人才多样性发展；在英国设立国际人工智能奖学金项目。在研究能力方面，报告建议：艾伦·图灵研究所应成为国家人工智能和数据科学研究所；高校应促进知识产权转让的标准化；人工智能研究的计算能力应进行合作和协商。在人工智能应用指导方面，报告建议：成立人工智能理事会，以促进行业发展和合作；指导人工智能决策和流程；支持出口和对内投资；指导人工智能技术成功应用，推动行业发展；支持人工智能技术在公共部门的应用；资金支持组织数据挑战赛。

2018年4月，英国议会人工智能特别委员会发布《英国人工智能发展的计划、能力与志向》（AI in the UK：ready, willing and able？）报告。② 报告指出，

---

① Growing the Artificial Industry in the UK[R/OL]. (2017-10-15) [2019-11-24]. https://www.gov.uk/government/publications/growing-the-artificial-intelligence-industry-in-the-uk.
② The House of Lords. AI in the UK: Ready, Willing and Able? [R/OL]. (2018-06-06) [2019-11-24]. https://publications.parliament.uk/pa/ld201719/ldselect/ldai/100/100.pdf.

人工智能已经发展了数余年，目前正进入研发使用的关键阶段。在过去的十年中，各种因素融合发展，尤其是深度学习等技术，以及可用数据和计算机处理能力的增长，使人工智能得以更广泛地部署。报告对人工智能的使用、设计、发展，人工智能与工作、生活、健康的关系，以及人工智能的形成和风险防范等方面进行了详细研究和介绍。报告在人工智能风险防范方面特别指出要警惕法律责任问题和人工智能和数据的刑事滥用问题。人工智能系统可能存在发生故障，表现欠佳或因做出错误决定造成损害的情况发生，对此建议法律委员会考虑现行法律是否足以解决人工智能法律责任问题，并在适当情况下建议政府采取适当措施，确保该领域具有清晰明确的法律对策。此外，人工智能研发人员必须认识到其所从事工作可能产生的道德影响，相关政府部门和研究机构也应对此予以监管。

英国政府于2018年4月发布了《人工智能行业新政》（AI Sector Deal）该政策文件是政府和工业界实现人工智能潜力的一项承诺，介绍了对人工智能行业的支持政策，其中包括政府、工业界和学术界的财政资助。政策文件还指出，为实现所有社会和经济利益，需要企业、学术界和政府之间建立牢固的伙伴关系。文件在《在英国发展人工智能》的基础上明确了英国促进人工智能发展和应用所应采取的措施，并指出产业战略应建立在5大基础之上：一是思路，即打造世界上最具创新性的经济体；二是人民，即为全民提供最好的工作和优厚报酬；三是基础设施，即对英国基础设施进行重大升级；四是商业环境，即建立和发展商业的最佳环境；五是地区，即建立遍布英国的繁荣社区。该文件强调以人为本，致力于为英国所有人创造良好的就业机会和更大的创收能力。为了实现将英国打造成为世界上最具创新力经济体的目标，政府将致力于与私营部门合作，到2027年将人工智能研发支出提高2.4%，未来将提高至3%。作为一项新兴产业，人工智能具有提高不同部门生产力并创造全新就业机会的潜力。为了最大限度地发挥这种潜力，英国政府、学术界和产业界将共同努力，采取成立人工智能专门理事会等多项措施发展技术，改善人民技能，吸引外资，使人们充分利用英国世界一流的研发和技术企业家基础。在能力保障方面，为确保英国具有包括物理基础设施和数据基础设施在内的完善的数字基础设施，英国政府将投入超过10亿英镑，打造一个拥有世界一流数字能力的国家。

第二节 英国智慧法院建设实践

英国法院早在1996年就曾允许原告律师通过E-mail向被告送达司法命令，也是全球首个采取这一信息化方式送达司法命令的国家。英国在其1998年颁布的《民事诉讼法规则》中也明确规定证人可通过网络视频方式作证，视频系统随后也逐步应用于证据展示、法庭审理等诸多领域。但总体来说，英国智慧法院建设与美欧对比而言，发展相对缓慢。为了确保英国司法机构全面了解人工智能的发展，英国首席大法官Burnett of Maldon勋爵于2019年3月成立了由来自法律、人工智能技术等领域10名专家组成的人工智能咨询小组。该咨询小组主要解决以下3个方面问题：一是人工智能发展对司法和法院系统可能产生的影响；二是确保法官接受人工智能及其影响等相关内容培训；三是人工智能对法律、道德、政策、文化和经济影响。[①] 英国高等法院院长Geoffrey Vos爵士于2019年10月公开发言表示，《英国民事诉讼规则》改革需要充分利用包括人工智能在内的创新技术，并应注重发展在线纠纷解决机制、综合使用多种替代性纠纷解决方案、设立区块链智能法律合同纠纷解决机制，以及法院民事诉讼程序改革。[②] 目前，英国各大高校也广泛开展"法律+人工智能"研究。例如，2019年初，牛津大学获得了120万英镑的经费支持，专门开展人工智能

---

① Lord Chief Justice Sets Up Advisory Group on Artificial Intelligence [EB/OL]. (2019-03-10) [2019-11-27]. https://www.judiciary.uk/announcements/lord-chief-justice-sets-up-advisory-group-on-artificial-intelligence/.
② Law Society Litigation Conference. Law Society Speech by Chancellor of the High Court, Sir Geoffrey Vos: Civil Procedure Rules[EB/OL]. (2019-10-08) [2019-11-27]. https://www.judiciary.uk/wp-content/uploads/2019/10/pdf.

与法律服务的研究项目。该研究团队成员涉及法律政治、社会政策、统计学、计算机科学等多领域,旨在研究人工智能应用于法律服务领域的可能性、局限性及通过法律知识和法律职业转型等方面更好地应对人工智能的新兴模式对法律服务领域的影响。①

目前,英国智慧法院的突出实践是建立和发展在线法院。根据英国改革计划表,英国将于 2020 年 4 月设立在线法院。2014 年 4 月,英国民事司法委员会成立了在线纠纷解决机制咨询小组,该咨询小组于 2015 年 1 月形成了关于小额赔偿与在线纠纷解决机制的报告。报告指出,英国政府着重于在合理的时间内以适当的成本提供高质量的司法系统。因此,咨询小组就在线纠纷解决如何在价值不超过 1 万英镑的案件中为小额赔偿案件的调解服务提供指导进行了深入研究。在 2011 年关于小额赔偿的 79 114 个案例中,只有 10% 进行了调解,在 2014 年 4—10 月上升至 21%。英国司法部下属的英国法院和法庭服务数据显示,2014 年 4—10 月,小额赔偿调解服务已节省高达 6170 小时的司法时间成本。报告显示,通过协助法官进行决策、允许进行视频或电话会议,以及提供电话调解机会、通过电子邮件与各方联系实现交流等信息化方式,有效提高了司法效率,降低了司法成本。②

2016 年 7 月,由英国上诉法院大法官 Briggs 勋爵牵头开展研究并形成的《关于民事法院结构改革的最终报告》中就法院判决的执行,法院的结构等民事司法制度提出改革建议,报告第六部分对"在线法院"的受理范围及程序进行了介绍。③ Briggs 勋爵指出,目前尚未有广泛认可的在线法院模式,在线法院的概念本身也在不断发展,可能会出现在线法院 1.0、在线法院 2.0 等版本。在线法院的案件处理均通过在线方式进行,并经过 3 个阶段予以分流处理。第一个

---

① 刘春梅. 人工智能在司法审判运用研究 [D]. 上海: 上海师范大学, 2019.
② ODR Advisory Group. Small Claims and ODR [R/OL]. (2015-03-21) [2019-11-27]. https://www.judiciary.uk/wp-content/uploads/2015/03/odr-small-claims.pdf.
③ Lord Justice Briggs. Civil Courts Structure Review: Final Report [R/OL]. (2016-07-08) [2019-11-27]. https://www.judiciary.uk/wp-content/uploads/2016/07/civil-courts-structure-review-final-report-jul-16-final-1.pdf.

阶段是案件在线自动分流程序。这一阶段是在线法院的核心和关键，在该阶段中诉讼当事人阐明各自主张，并上传其相关诉讼文件和证据，这将为法院和诉讼各方在早期了解案件有关信息奠定基础。第二阶段是在线调解。案件管理人员通过第一阶段的案件分流可以较为充分地了解案件情况，便于开展后续调解工作。每个案件应适用何种最适宜的调解程序应由经验丰富、经过相关培训并接受司法监督的案件管理人员与诉讼人共同决定。案件管理人员可能被培训成为电话调解员，但是如果案件无法通过上述调解程序解决，则可能将案件管理人员排除在进一步必要的案件管理之外，并选择适当的方式开展。第三阶段是无纸化审判。如果案件未能通过第二阶段达成调解，那么案件将进入第三阶段，由法官通过电话听审、视频庭审、书面审理等多种方式中最适当的方式进行裁判。其中，电话和视频庭审的审理方式已在英国经过了反复测试。按照 Briggs 的设想，在线法院的使用范围应为所有索赔额低于 25 000 英镑的案件，这一规定自然会自动排除人身损害赔偿等案件的使用，使得在线法院审理的案件类型具有确定性和专业性。但是在线法院是否未来仅用于此类情形，或者索赔额上限是否提高等尚不能完全确定，而是需要在在线法院的不断发展和演进中予以明确。

目前，英国在商事法庭和财产法庭中采用的电子归档技术，很快就会在民事法庭得到全面推广。此外，在刑事诉讼中还采用了数字案件管理系统，视频链接在许多刑事和民事诉讼中也得到使用。同时，在民事诉讼、金钱诉讼、遗嘱认证和离婚领域，在线法院的试点都取得了成功。而且至今，还有很多试点工作正在进行，根据用户反馈对这些技术进行反复的试验和测试。[①]

[①] [英]伯内特. 英国首席大法官：设立在线法院应借鉴中国互联网法院经验[N]. 赵蕾，译. 人民法院报，2019-3-29.

第九章

日本

第一节　日本人工智能战略概述

日本政府高度重视人工智能发展，自 2016 年起发布多项文件及报告确定人工智能未来发展方向。2016 年 1 月，日本政府颁布《第 5 期科学技术基本计划（2016—2020）》，提出超智能社会 5.0（Society 5.0）的新概念，即继狩猎社会、农耕社会、工业社会、信息社会之后，科学技术创新引领社会变革所出现的又一新社会形态。同年 5 月，日本政府基于《第 5 期科学技术基本计划（2016—2020）》出台的《科学技术创新综合战略 2016》中对包括实现超智能社会（Society 5.0）等五项重点项目提出具体举措。文件指出，若要实现超智能社会，需立足经济社会发展并稳步推进 11 个系统的开发。立足于提高产业竞争力这一目标，要以"先进的道路交通系统""能源价值链的优化""新制作系统"为核心，开发、构建一个容易创造新价值的平台。该平台除了实现网络空间与物理空间的高度融合外，还应该担负着推进战略制定、制度构建和人才培养的重任，并需从构建以创造新价值和新服务为基础的数据库、加强支撑平台的基础技术、推进知识型产权战略和国际标准化、推进规章制度改革并形成社会认可、推进研发和加强人才的培养等 5 个方面着手应对。①

2016 年 4 月，基于日本首相安倍晋三在"面向未来投资公私对话"期间的声明，日本成立人工智能技术战略委员会，以制定人工智能发展及产业化的路线图。2017 年 3 月，该委员会发布《人工智能技术战略》报告，全面阐述了日本人工智能产业化发展路线图。报告指出，当前新服务和新产品源于人工智能技术的使用与应用。人工智能技术与其他相关技术的融合具备解决各种社会问题的可能性。为使日本居于世界领先地位，需要提出基于人工智能技术和其他相关技术产业化的路线图。优先发展领域需从迫切需要解决的社会问题、对经济涟漪效应的贡献及对人工智能技术的贡献 3 个方面予以确定，包括生产力，健康、医疗和福利，流动性，以及信息安全。人工智能产业化发展路线图将人工智能技术视为一种服务，通过各类数据相结合，其开发和应用涉及多个领域。人工智能产业化分为 3 个阶段：第一个阶段是在多个领域使用和应用数据驱动的人工智能技术；第二个阶段是跨多领域发展人工智能和数据的公共使用；第三个阶段是将众多领域相关联，建立人工智能生态系统。预计在 2020 年左右从第一阶段迈向第二阶段，在 2025—2030 年从第二阶段迈向第三阶段。阶段跨越的实现有赖于技术发展，并且需解决系统开发、社会接受度等问题。②2018 年 6 月，日本政府召开人工智能技术战略会议，确定推动人工智能普及的实行计划，重点关注人工智能相关技术开发和人才培养等。

2019 年 6 月，日本政府出台《人工智能战略 2019》，旨在确定有利于未来有效利用人工智能的环境和措施，通过实现超智能社会 5.0 和克服日本社会面临的问题，为全球性问题提供解决方案贡献力量。该战略明确了三大任务目标：一是奠定未来发展基础，包括实施教育改革和重构研发体系；二是构建社会应用和产业化基础，包括推动在医疗、健康与长期护理，农业，国家韧性（基础

---

① 中国科协创新战略研究院. 创新研究报告 [R/OL]. (2016-02-03) [2019-11-27]. www.doc888.com/P-9169627624942.html.
② Strategic Council for AI Technology. Artificial Intelligence Technology Strategy[R/OL]. (2017-03-10) [2019-09-15]. https://www.nedo.go.jp/content/100865202.pdf.

设施和防灾），交通基础设施与物流、区域发展（智慧城市）等五大重点领域的应用，建立完善数据基础，构建数字化政府，支持中小企业和风险企业等；三是制定并应用人工智能伦理规范。①"

第二节　日本智慧法院建设实践

日本智慧法庭建设较欧美建设相对缓慢，目前除现行诉讼法中规定的在诉讼程序中引入电话会议和视频会议系统、在督促支付程序上引入在线督促程序系统等，其他建设内容多处于研究讨论阶段。为有效解决司法审判程序信息化建设问题，日本政府于2017年发布的《未来投资战略2017》中明确提出，"为实现迅速且有效率的审判，从审判中的程序保障和情报安全的综合角度，参照国外的状况，迅速探讨在获得有关机关协助下立足于利用者立场推进审判程序等IT化的方案，并在本年度内得出结论"。②根据该决议，日本于当年10月设立审判程序等IT化研讨会以对上述问题进行研究。

2018年3月，审判程序等IT化研讨会形成名为《审判程序等IT化概述：实现3e目标》的报告，认为应在民事诉讼程序中实现e提交（e-Filing）、e法庭（e-Court）、e事件管理（e-Case Management）三项目标。e提交是指使用电子化数据制作和在线提交诉讼文书，以替代目前将纸质诉讼文书递交或寄送法院的方式，从而实现一年365天，每天24小时均可以提交诉讼文书。e法庭是通过显著扩大视频会议和网络会议的使用范围，从而减少当事人因出庭所产生的时间和经济负担，并通过明确开庭日期提高听证水平。e事件管理是指当事人及其代理人可随时并易于在线访问有关法院管理的案件记录和案件信息，该机制将提升法院诉讼程序的透明度，并且提高司法效率。报告同时指出，为实

---

① AI Strategy 2019.[R/OL](2019-6)[2020-07-01] https://www.kantei.go.jp/jp/singi/ai_senryaku/pdf/aistratagy2019en.pdf
② ［日］小林学. 日本民事审判的IT化和AI化[J]. 郝振江，译. 国家检察官学院学报. 2019（3）：162-175.

现 3e 目标，还需克服法律和技术障碍，如完善法院程序 IT 化的法律政策环境、具备实现法院 IT 化的硬件设施等。

在 2018 年发布的《2018 年未来投资策略》中，日本政府再次针对促进法院程序 IT 化问题做出决定，即在尊重司法机构自主裁判权的同时，在与民事诉讼有关的法院程序中实现信息技术全覆盖。首先，根据现行法律，司法机构将从下一个财年开始，积极利用网络会议等方式进行法律争端解决，以提高便利性。其次，将进行必要的法律程序安排并实现不需要利益相关方出席的口头辩论等，并力争在 2022 财年左右启动新系统，司法部门和政府将为此采取必要措施。此外，将改善必要的法律发展和系统建设等环境，并实现在线备案等。[①] 据此，日本于当年 7 月成立民事诉讼程序等 IT 化研究组对此问题开展研究。目前，研究组已举办 15 次会议，最新一次会议于 2019 年 12 月举行，该会议主要对法院程序 IT 化中涉及的口头辩论、证人问询、书面证据等问题进行讨论研究。

---

① https://www.kantei.go.jp/jp/singi/keizaisaisei/saiban/.

第十章

韩国

第一节 韩国人工智能战略概述

韩国著名围棋手李世石与Alpha Go对决的失利震惊了韩国社会,并迅速激发了人们对人工智能发展状况及其对社会广泛影响的热烈讨论。为了响应公众的高度关注,2016年8月,韩国政府确定九大国家战略项目,包括人工智能、无人驾驶技术、轻型材料、智慧城市、虚拟现实(VR)、精细粉末(FINE DUST)、碳资源、精密医疗和新型配药。其中,人工智能最引人关注,韩国政府目标是在2026年前将人工智能企业数量提升至1000家,并培养3600名专业人才,争取10年后韩国人工智能技术水平赶超发达国家。[①]

韩国科学、信息通信技术和未来规划部于2017年2月宣布将制定一项有关人工智能、虚拟现实(VR)和金融科技的改革计划。在第四次工业革命带来的智能信息社会中,这些领域被认为是至关重要的新增长动力。2018年5月,韩国第四次工业革命委员会在举行的第六次会议上审议并通过了《人工智能研

---

① 韩国将大力发展九大国家战略项目推动经济[EB/OL].(2016-08-12)[2019-11-27].http://world.people.com.cn/n1/2016/0812/c1002-28632589.html.

发战略》。韩国政府认识到其在发展人工智能方面已落后于美国和中国，该战略将通过确保人才、技术和基础设施3个方面打造韩国在人工智能领域的优势地位。在《战略》实施路径上，一方面，韩国要基于现有人工智能技术直接提供服务，以公共数据为资源核心推进核心技术研发，并在新一代及高风险的人工智能领域制定中长期投资计划；另一方面，则是要培养产业界的创新型高级人才，提升计算能力与数据供给，支持企业开展人工智能研发。[1] 在确保人才方面，战略指出重点是培养高级人才，韩国政府将在2022年前计划新建6所人工智能研究生院，并在人工智能研究领域投入资金20亿美元。政府目标是拥有1370名人工智能高级人才。韩国政府还规定在韩国大学设置人工智能相关课程，并将人工智能技术应用于急诊服务、新药品研发、智慧农场等大型公共服务项目。

2019年12月，韩国政府制定《人工智能国家战略》，以成为人工智能领域全球领导者为愿景，致力于到2030年实现韩国数字竞争力全球第三，通过人工智能创造455万亿韩元经济效益，人民生活质量全球前十等三大战略目标。该战略明确韩国发展人工智能的三大领域，即构建全球领先的人工智能生态系统、成为全球人工智能利用度最高的国家和实现以人为本的人工智能，并在此基础上提出了9项战略和100项主要任务。[2]

第二节　韩国智慧法院建设实践

韩国是亚洲最早利用新技术发展将电子诉讼应用于司法系统的国家。通过电子诉讼程序和在线法院审理案件，案件信息可以通过数字方式获取和传递，案件历史记录完整且可按需准备，案件也可实现自动化管理，并且可以在线上

---

[1] 高芳，张翼燕．日本和韩国加快完善人工智能发展顶层设计[J]．科技中国．2018 (8)：17-26．
[2] National Strategy for Artificial Intelligence[R/OL] (2020-3) [2020-07-01] https://www.msit.go.kr/english/msipContents/contentsView.do?cateId=tst60&artId=2771576

向案件当事人提供简化法院诉讼程序的表格并在线填报提交。在韩国，律师和当事人可以通过电子方式提起诉讼。诉讼通过电子案件归档系统自动注册，然后分配给可以访问相应文件、安排案件审理并处理具体索赔事项的法官。早在20世纪70年代后期，当时韩国一些有远见的法官就曾试图建立一个有序的数据库处理法院案件，当时法官是在软盘上记录案件信息。1979年，司法机构委托韩国科学技术研究院研究电子司法程序的可行性。法官们深信信息技术应用于司法系统将带来深远影响，因此开始创建更高级的数据库并开发案件管理软件，并于1986年正式启动案件管理系统。[①] 韩国于1995年颁布了《远程视频审判规则》，其规定了远程视频审判的主要目的及审判所用设备要求等内容，又于2010年颁布了《远程审判法》，其规定了远程视频审判的正式法律定义、具体案件适用范围、设备详细要求及是否进行庭审录像等内容。[②] 为了更好地推动在线法院建设，韩国在司法系统中应用了电子签名、数字证书等一系列技术，极大改善了全国信息网络畅通性。随着电子文件管理系统的不断发展，韩国于2010年制定实施了作为电子诉讼一般立法的《关于在民事诉讼中使用电子文件的法律》。电子诉讼系统总共包括4个模块：案件管理系统、法官支持系统、在线法院系统、公共信息服务。通过该系统，司法程序也从纸质流转转变为电子流转，允许以电子方式提交、注册、付款和访问法院文件等。根据该法，分别从2010年4月26日起在专利诉讼中，2011年5月2日起在民事诉讼中，2013年1月21日起在行政诉讼和家事诉讼中，2013年9月16日起在申请案件、公示催告案件、起诉前和解案件中，2014年4月28日起在破产、重整、个人重整案件中，2015年2月23日起在民事执行和非讼案件中

---

① Improving court efficiency: the republic of Korea's e-Court experience [EB/OL]. https://www.doingbusiness.org/content/dam/doingBusiness/media/Annual-Reports/English/DB14-Chapters/DB14-Improving-court-efficiency.pdf.
② 郑莉. e-Court模式下简易程序刑事案件远程审判研究[J]. 西南民族大学学报（人文社科版），2019（10）：16-24.

实施电子诉讼。①经过多年应用与实践,电子诉讼系统为韩国司法部门提供了高效、透明的支撑服务,简化了司法程序,大幅缩短了案件审理时间,降低了司法成本和诉讼成本。

---

① [韩]郑永焕.韩国电子诉讼现状及完善方向[J].方丽妍,译.东南司法评论,2018(3):26-32.

第四篇

中国智慧法院建设

网络安全和信息化是事关国家安全和国家发展、事关广大人民群众工作生活的重大战略问题，要从国际国内大势出发，总体布局，统筹各方，创新发展，努力把我国建设成为网络强国。

——习近平

要运用信息化手段进一步拓展司法为民新领域、新渠道，为群众提供更便捷、更低廉、更个性化的诉讼服务，切实感受到社会主义司法的方便和温暖。

——孟建柱

要充分认识信息化是促进审判体系和审判能力现代化，实现法院工作现代化的重要载体。要加快转型升级，向智能化、大数据分析方向发展，建设人民法院信息化3.0版。

——周强

第十一章

中国智慧法院建设的发展历程

随着智慧法院建设列入国家信息化发展战略，我国智慧法院建设经历了从奠定基础阶段、逐步推进阶段和迅猛发展阶段，并取得了举世瞩目的成就。

一、奠定基础阶段

1996年，最高人民法院下发《全国法院计算机信息网络建设规划》，同年5月"全国法院通信及计算机工作会议"召开，人民法院信息化建设的大幕徐徐拉开。大会部署了全国法院计算机网络建设工作，确定北京、上海、江苏等8家高级人民法院及其所辖法院作为全国法院计算机网络系统建设的试点单位，标志着人民法院信息化工作的正式起步。

二、逐步推进阶段

1999年10月20日，最高人民法院颁布《人民法院五年改革纲要》明确将采用信息技术、树立在线审判体系作为司法改革的重要内容。该纲要主要是从加强法院办公现代化建设角度来理解信息技术。要求在2001年年底前，基本实现计算机等现代化技术手段在庭审记录、诉讼文书制作、法院人事管理、档案管理、统计数据信息处理等方面的应用。用3年时间实现最高人民法院与高、中级人民法院之间的计算机联网，力争5年内建立全国法院计算机网络系统，将案件的管理、信息和统计数据收集、传输等纳入网络系统，提高人民法院各项管理工作的科技含量。

2002—2012年，法院信息化进入普遍推进阶段。最高人民法院印发了一系列关于人民法院信息网络系统建设的规定、规划、技术规范、基本要求和实施方案等，并将其作为人民法院改革的一项主要任务，标志着人民法院信息化工作的逐步推进。2002年，最高人民法院发布《人民法院计算机信息网络系统建设规划》《人民法院计算机信息网络系统建设规划》，召开全国法院信息化建设工作会议，启动国家司法审判信息系统工程。2007年颁布《关于全面加强人民法院信息化工作的决定》《人民法院审判法庭信息化建设规范（试行）》，2011年下发《人民法院审判法庭信息化基本要求》。

三、迅猛发展阶段

党的十八大按下全面深化改革的快进键，开启了人民法院司法事业新征程。十八届四中全会提出全面推进依法治国，人民法院信息化建设由此步入战略发展的新时期。

最高人民法院意识到，司法改革和信息化建设密不可分，在2013—2015年间，每年举行一次全国法院信息化工作会议，以明确人民法院信息化工作的指导思想和工作任务。2013年发布《关于推进司法公开三大平台建设的若干意见》，并在全国第四次司法统计工作会议上首次提出"大数据、大格局、大服务"的理念。2014年年初，开通中国审判流程信息公开网，年底开通诉讼服务网；2015年开通律师服务网络平台。2015年，全国高级法院院长座谈会吹响了建设智慧法院的集结号，将司法改革和信息化建设作为人民司法事业发展的车之两轮、鸟之两翼。

2016年1月29日，最高人民法院院长周强在最高人民法院信息化建设工作领导小组第一次全体会议上，首次提出建设立足于时代发展前沿的智慧法院。同年 3 月，周强院长在最高人民法院工作报告中，提出继续深化司法公开，加快建设智慧法院。同年发布《人民法院信息化建设五年发展规划（2016—2020）》《最高人民法院信息化建设五年发展规划（2016—2020）》；2016 年 11 月，天平司法大数据有限公司成立，法信随之正式上线。2017 年 5 月，周强在全国法院第四次信息化工作会议上强调，智慧法院是建立在信息化基础上人民法院工作的一种形态，积极存在于人民法院工作在智慧法院体系内智能运行、健康发展中。

在全国法院系统的不断努力下，截至 2015 年，信息化基础设施建设基本完成，核心应用系统日益成熟，司法信息资源的搜集整合及管理使用初见成效，信息化保障体系不断完善，中国法院已经建成以互联互通为特征的人民法院信息化 2.0 版。人民法院基本实现了网上立案、网上办案、网上办公，完成了全国 3500 多家法院的全覆盖，初步形成了信息化与各项审判业务的良性互动格局。

2019 年 2 月，《人民法院第五个五年改革纲要（2019—2023）》发布，明确提出构建中国特色社会主义现代化智慧法院应用体系，为智慧法院向智能化纵深发展提供了清晰路径。

•••• 第十二章

智慧法院建设的理论建构

2016年7月，中共中央办公厅、国务院办公厅印发《国家信息化发展战略纲要》，明确提出"建设智慧法院，提高案件受理、审判、执行、监督等各环节信息化水平，推动执法司法信息公开，促进司法公平正义"，将建设智慧法院列入国家信息化发展战略。2016年12月，国务院印发《"十三五"国家信息化规划》，支持智慧法院建设，推行电子诉讼，建设完善公正司法信息化工程，和人大信息化建设、政协信息化建设、智慧检务一起作为电子政务的重要组成部分。这些政策信号充分表明了智慧法院不仅与人民法院自身现代化密切相关，也已成为国家发展战略的重要组成。为了进一步提高全国各级法院对智慧法院的认识和理解，最高人民法院发布《关于加快建设智慧法院的意见》，集中体现了建设智慧法院的主要思路，是指导各地法院开展智慧法院建设的基本指南。

一、人工智能在司法审判的应用方式

2016年11月17日，最高人民法院院长周强在第三届世界互联网大会智慧法院暨网络法治论坛上强调，将积极推动人工智能在司法领域的应用。人工智能的深度应用符合司法审判现代化的本质特征，也是司法审判现代化的保障措施。人工智能在司法审判活动中的应用主要体现在以下方面：一是计算机视觉、图像和人脸识别技术，助力诉讼流程在线进行，人工智能技术可以辅助实现诉讼主体身份验证、证据的电子化和电子数据证据的举证质证在内的网上一体化诉讼运行机制；二是深度应用云计算和大数据构建司法人工智能诉讼服务系统，助力裁判标准统一；三是构建诉讼智能系统或平台，充分利用算法及司法大数据优势，实现裁判结果预判、类案推送、分析胜诉率，引导当事人正确评估案件走向；四是通过机器人技术和语音识别技术，把人类语言转换成文本，方便庭审记录[①]。而智慧法院就是人工智能法律规制的需要和结果。

二、厘清智慧法院的概念内涵

（1）精准把握智慧法院的概念实质。最高人民法院党组和周强院长在全世界率先提出了智慧法院的概念。智慧法院是人类进入信息化、智能化时代，在一系列先进的信息系统支持下，法院的新型组织、建设和运行形态。[②] 智慧法院的物质基础是先进的信息化、智能化系统，但不限于建设网络设施、应用业务系统、提供智能服务上，外延延伸至利用先进的网络信息技术推动整个法院审判执行方式的全局性变革，包括但不限于组织机构、人员素质、工作流程和管理模式等各方面。综上，智慧法院是依托现代人工智能，围绕司法为民、公正司法，坚持司法规律、体制改革与技术变革相融合，以高度信息化方式支持司法审判、诉讼服务和司法管理，实现全业务网上办理、全流程依法公开、全方位智能服务的人民法院组织、建设、运行和管理形态。

（2）充分认识智慧法院的总体目标。智慧法院是建立在信息化基础上的人民法院特殊工作形态，体现为"三全三化"，三全即"全业务网上办理""全流程依法公开"，阳光化法院是智慧法院建设的核心和理念；"全方位智能服务"，智能化法院是智慧法院建设的发展和导向；三化即网络化、阳光化、智能化，

---

① 邓恒 . 人工智能技术研发与智慧法院建设 [N]. 人民法院报，2018-03-02．
② 刘贵祥 . 总结经验 厘清思路 加快推进智慧法院建设 [N]. 人民法院报，2017-06-21．

网络化法院是智慧法院建设的前提和基础。

（3）深刻领会智慧法院建设的重大意义。智慧法院建设是落实"四个全面"战略布局和五大发展理念的具体举措，是国家信息化发展战略的重要内容，是人民法院充分利用信息化技术推进国家法治建设、促进审判体系和审判能力现代化的关键一步，从而实现公正司法、司法为民的组织、建设和运行形态。

（4）努力遵循智慧法院建设的总体要求。坚持统一规划、积极推进，既重视顶层设计，防止"一窝蜂"，又重视各级法院的主观能动性；坚持融合共享、高效智能，既拓展线上服务能力，又重视线上线下无缝对接，实现不同信息系统之间的标准统一和互联互通；坚持创新驱动、安全发展，在坚持问题导向紧密结合审判执行实际的同时，更要强化信息安全意识，提高规划、建设、管理、维护等全环节信息安全风险意识和防护水平。

三、构建智慧法院建设的系统支撑体系

（1）构建全要素集约化信息网络体系。坚持法院专网、移动专网、外部专网、互联网和涉密内网专网专用，构建专有云、开放云和涉密云，通过安全隔离交换技术实现不同专网之间的信息共享。加强各类基础设施配置水平，尤其是提升诉讼服务大厅、执行指挥中心、远程接访等执法办案场所的信息化水平。

（2）构建全业务全流程融合应用体系。构建融合审判、执行、人事、司法管理等各类应用系统为一体的内部管理平台；构建司法公开、诉讼服务、沟通宣传等各类应用系统为一体的外部服务平台，形成"一站式"综合服务体系，实现线上线下业务办理无缝对接。

（3）构建全方位信息资源及服务体系。完善国家司法审判信息资源库，实现审判执行、司法人事、司法政务、司法研究、信息化管理和所需外部数据的全面覆盖；建立数据集中管理和质量保障机制，建设数据共享交换平台，实现法院之间和法院与外部之间的数据共享交换和业务协同；建立大数据分析系统，

研发服务审判全流程的智能服务；探索建立法院业务知识图谱，构建面向各类用户的人工智能感知交互体系和以知识为中心的人工智能辅助决策体系。

四、智慧法院建设的预期目标

智慧法院建设的根本目标是通过全业务网上办理实现网络化、通过全流程依法公开实现阳光化、通过全方位智能服务实现智能化。时间安排为2017年总体建成，2020年深化完善人民法院信息化3.0版。具体表现为以下3个方面。

(1) 法院业务网络化。首先做到全国法院专网贯通、专网和互联网应用逐渐丰富，在此基础上拓展移动专网、外部专网、涉密内网网络及其应用，推进跨网系、跨部门的全部业务网上办理。一是全面推进电子卷宗的应用，构建覆盖案件办理全流程的网上审判体系，促进审判高效有序运行；二是建设覆盖全国各级法院的执行指挥系统，持续加强信用惩戒系统建设和应用，大力推广网络拍卖系统建设和应用，依托信息化破解执行难题；三是建立完善网上立案系统，提高诉讼服务中心的信息化水平，建立上下级法院及法院与其他信访部门之间的信息共享和工作联动机制，推进立案信访工作上下联动、内外贯通。

(2) 司法为民阳光化。一是充分运用互联网技术，加强互联网监督投诉平台建设和推广应用，提升司法公开水平；二是依托诉讼服务大厅、诉讼服务网、12368热线、移动客户端等诉讼服务渠道为诉讼参与人提供一体化、全方位、高效率的诉讼服务，打造"互联网+"诉讼服务体系；三是普及网上立案、网上缴费、网上送达等功能，构建互联网电子诉讼平台，全力推进电子诉讼体系建设。

(3) 信息服务智能化。一是建立电子卷宗随案同步生成技术保障和运行管理机制；提高办案系统法条法规智能推送、法律文书自动生成及智能纠错能力，庭审语音同步转录、辅助信息智能生成及实时推送能力，文字识别、语义分析、案情理解和类案推送能力，支持办案人员最大限度减轻非审判性事务负担；二是针对不同诉讼需求进行相似案例推送、诉讼风险分析、诉讼结果预判等服务，深度分析用户诉讼行为，精准推送司法公开信息，满足人民群众多元化司法需求；三是运用大数据为司法决策服务；科学研判审判运行态势，调配司法资源，探寻新形势下的司法规律，支持法院管理者提高司法决策科学性。

第十三章

智慧法院建设的丰硕成果

网络强国、创新驱动发展等国家战略为法院信息化建设营造了良好的外部环境，智慧法院已成为推动司法体制改革的强劲动力，在互联网、人工智能等新一代信息技术的大背景下，智慧法院建设取得了丰硕的成果。

党的十八大以来，全国各级人民法院全国一盘棋地推进信息化建设，强化顶层规划，形成以规划引领能力、基础支撑能力、综合保障能力为代表的智慧法院三大能力，实现以网络化应用成效、阳光化应用成效、智能化建设成效为代表的智慧法院三化成效，全国法院信息化3.0版的主体框架基本形成。

一、我国智慧法院建设取得的成绩

我国智慧法院建设取得了网络覆盖最全、数据资源最丰、业务支撑最多、公开力度最强、协同范围最广、智能服务最新共6项世界之最。

（一）信息基础设施建设取得重大突破

智慧法院建设最早实现突破性进展体现在信息基础设施建设方面，阀组业务发展需要的信息化基础设施建设完备。信息基础设施建设体现出集约化、节约化、标准化、规范化的特征，各地法院多具备专有云、开放云、移动专网，基本形成了以"云网一体化"为纽带的信息基础设施全覆盖格局。2016年11月24日，西藏林芝察瓦龙乡人民法庭接入法院专网，自此，全国3525个法院，10 759个派出法庭全部在线，实现全国法院干警一张网办公办案。全国人民法庭的法院专网接入率为100%，是人民法院信息化历史性一刻。

（二）司法服务能力线上线下全面提升

智慧法院建设通过网络连通、数据共享和业务协同，推动传统执法办案场所的升级转型，实现了线上线下司法服务和业务的融合，让人民群众感受到"一站式""一窗式"的服务，不断满足人民群众多元诉讼需求。一是实现了同时具备文书辅助、案例推送、结果预判和调解建议等职能诉讼服务中心建设，庭审音视频应用实现比例大幅提高。二是建立"线上诉讼服务中心"，各地法院在名称上虽有一些差异，如广东法院诉讼服务网、北京法院审判信息网、四川法院网上诉讼服务中心、重庆法院公众服务网，但诉讼服务的内涵是一致的。其功能主要集中于网上立案、案件查询、诉讼指南，少数还涉及网上调解、网上缴费、风险预判、司法救助、信访投诉等，为方便人民群众诉讼和法官高效办案提供了有力支撑。三是积极引进"线下"诉讼服务智慧硬件，如北京西城法院、海南海口中院、福建漳州中院等多地法院引进诉讼服务机器人，承担诉讼引导、法律咨询、程序引导、法规查询、案件查询等工作。北京西城法院还在诉讼服务中心引进其他智慧设备，拓展诉讼服务功能，如设立诉状辅助生成自动终端，根据当事人情况自动生成格式化诉状并现场打印；设立诉讼智能评估终端，根据当事人情况评估诉讼风险；设立立案信息自助填报系统，当事人可根据提示自助立案。截至2019年，全国95%的法院建成了信息化程度较高的诉讼服务大厅，为当事人提供全方位的诉讼服务；83%的法院开通诉讼服务网，为当事人、律师提供网上立案、案件查询、卷宗查阅、电子送达、诉讼指南等服务；78%的法院开通12368诉讼服务热线，以电话接入、语音和短信等方式，为公众参与诉讼活动提供最为便捷的服务。2017年11月28日在全国14个省市试点建设的道路交通纠纷"数据一体化"处理平台,实现了当事人在线计算理赔数额、申请调解、司法确认,当事人无须前往法院立案就能一键理赔。

(三)全业务网上办理条件已经成熟

智慧法院建设的工作重心将在推进审判执行业务网上办理,这是司法领域顺应信息化、智能化时代发展的必然趋势。一是全业务网上办理的前提条件已经完备。全国各级法院全力推进法院业务网络化,全面支持网上办案,推进电子卷宗的应用,电子卷宗随案同步生成和部门间电子卷宗调阅基本实现;构建覆盖案件办理全流程的网上审判体系,建立完善网上立案系统,支持网上异地立案。二是推进"基本解决执行难"工作的落实。建设覆盖全国各级法院的执行指挥系统,执行信息流程管理覆盖四级法院。执行案件基本实现全覆盖,完善网络查控系统,提高被执行财产处置效率。实现执行案件关键流程信息的全过程管理,持续加强信用惩戒系统建设和应用,大力推广网络拍卖系统建设和应用,有效规范了执行业务的办理。三是以网络化促进智能化。高院层面已经得到普及审判态势数据智能统计和分析能力,大数据集中管理和服务平台汇聚案件数据能力强,有效促进了审判执行业务的智能化发展。四是审判执行的信息化和智能化大力推进了审判执行流程再造,完全具备了深度推进系统应用、实现全业务网上办理的条件。全国大多数法院因地制宜地发展各自的重点功能,在某些方面取得了较好效果,对于全面提升工作效率,为提高审判执行质效提供有力的科技保障。

(四)发挥好四大平台的载体作用

为了全面落实司法公开,全国各级法院继续开通中国审判流程信息公开网、中国裁判文书网、中国执行信息公开网、中国庭审公开网四大网上公开平台,及时全面公布法院审判执行工作,司法公开从内容到形式取得巨大进展。一是建立中国审判流程信息公开网,提供全国各级法院审理的全部案件信息一站式服务,从立案、确定审判人员、庭审、裁判、送达全流程公开,利用政务网站、

12368电话语音系统、手机短信平台、电子公告屏和触摸屏等现代信息技术，为公众提供全方位、多元化、高效率的审判流程公开服务。二是建立中国庭审公开网，2013年7月，最高人民法院率先将发生法律效力的判决书、裁定书、决定书在互联网公开；2014年1月，最高人民法院在互联网设立中国裁判文书网，统一公布各级人民法院的生效裁判文书。三是建立中国执行信息公开网，即全国法院决胜"基本执行难"信息网，依法公开被执行人、失信被执行人、限制消费人员、司法拍卖等相关信息，各级法院规范执行信息的收集、交换和使用行为，在确保信息安全的前提下，实现上下级法院之间、异地法院之间、同一法院的立案、审判与执行部门之间的执行信息共享。四是建立中国庭审公开网，所有法院的公开的庭审视频都将第一时间自动汇聚到这个平台，并推送到各大主流可视媒体，以庭审公开倒逼提升庭审质量。随着司法改革和信息化建设的深入推进，绝大多数法院通过互联网公开案件审判流程信息，实现网上直播庭审视频、音频或文字，并接入中国庭审公开网。截至2018年2月底，中国庭审公开网直播庭审64.6万件，观看量48.5亿人次；中国裁判文书网公开文书4278.3万份，访问量133.4亿人次，用户覆盖210多个国家和地区，成为全球最大的裁判文书资源库。此外，还设立全国企业破产重组信息网，由全国企业破产重整案件信息互联网、企业破产案件法官工作平台、破产管理人工作平台三部分组成。债权人、债务人、出资人等案件相关主体可以通过该网依法行使破产法规定相关权利，进行预约立案、申报债权、提交异议申请等线上活动。各级法院依托四大公开平台和互联网下的新媒体，司法公开渠道不断拓宽，公开形式多样化，公开内容不断深入，有效提高司法公信力水平。

（五）电子诉讼取得实质性进展

按照"互联网+"行动计划要求，人民法院大力推进电子诉讼模式。电子诉讼是"互联网+"时代下以用户体验和一体化平台为中心的司法审判新模式，支持当事人、律师和法官全部在网上进行立案、证据交换、开庭、审理、执行等审判执行事业及涉法涉诉信访业务，从源头改进法院审判体系和提高审判能力。电子诉讼以网络技术为依托、以网络平台和传输设备为载体，利用网络空间实现从立案到结案的全流程诉讼服务，是在高度信息化的基础上对诉讼服务模式的一次创新，是建立智慧法院的基础性工作。全国绝大多数高院实现了网上立案，过半法院实现支持网上缴费、电子送达，利用移动微法院的形式将电子诉讼引向深入。未来五年，将依托互联网法院深化改革试点，在全国范围内有序推广在线诉讼，并将以立法方式构建电子诉讼制度。

（六）廉洁司法水平不断提升

各级人民法院坚持服务廉洁司法，不断完善信息系统和管理机制，通过信息化手段实现网上全程留痕、动态跟踪、风险预警、公开透明、监督建议，促进监督程序化、司法阳光化。一是增加办案人员的自觉自律压力。全国法院全部实现网上办案，各个环节均全程留痕，为纪检监督、责任追究提供依据。按照《人民法院落实〈领导干部干预司法活动、插手具体案件处理的记录、通报和责任追究规定〉的实施办法》的要求，设立内外部人员过问案件的信息录入专库，对干预办案人员的行为进行通报追责，发挥对司法腐败的震慑作用。二是最高人民法院开通了人大代表、政协委员网络沟通平台，通过通报工作动态尤其是重大案件及代表建议、委员提案的办理情况，主动接受人大代表和政协委员的监督。三是最高人民法院建成"人民法院工作人员违纪违法举报中心网站"，实现了群众对全国各级法院工作人员举报的网上受理、督办预警和信息发布，全国四级法院联动有利于及时查办违纪违法案件，加强了打击司法腐败的监督力度。

（七）各地法院先试先行不断创新

最高人民法院鼓励各地法院在按照顶层设计要求完成规定动作外，结合当地经济发展状况、案件数量、纠纷特点等实际情况因地制宜开展自选动作。各地法院以科技创新为抓手，研究并促进前沿信息化技术在司法领域应用，广泛借助整合社会多方资源,建立在全国具有示范推广意义的业务系统,逐步形成科技创新驱动法院信息化建设的良好态势。一是方便当事人诉讼方面。"电子法院APP"提供诉前、诉中和诉后的全流程、贴身智能化诉讼辅助服务,为当事人节省诉讼成本;"车载流动法庭"实现了偏远地区文书的电子签章、签发等功能,当事人免于长途奔波之苦,当场就可以领到裁判文书,方便当事人诉讼;"案款归集管理系统"是法院积极促成与银行的业务协同,通过一案一号的运行模式,实现法院执行案款账户的专用、集约和统一管理。二是提高审判质效方面。智审系统已经实现了电子卷宗的资源化利用、案件信息的自动化生成、裁判文书的智能化写作、类案法条的智能化推送、法律数据的精细化检索,为法官办案提供了丰富而精细的法律参考,有效地减轻了法官的案头事务性工作。"睿法官系统"可以进行案例定制化分级推送,利用大数据技术模拟法官办案思维,有助于加深法官对案情的理解,统一裁判尺度,提高文书质量。

二、我国智慧法院建设过程中存在的问题

在总结成绩的同时,我们也要清醒地看到,人民法院智慧法院建设过程中还存在一些问题和不足,同党中央的要求、人民群众的期盼相比还存在着一定差距,具体表现在如下几个方面。

(一)智慧法院建设缺乏整体规划和顶层设计

在信息化建设尤其是智慧法院建设的过程中缺乏发展规划,如相关技术标准有待于进一步完善;缺乏较为成熟的建设效能评估指标体系;智慧法院建设仍需有针对性的核心技术和关键技术预先研究支撑;电子送达等应用还缺少相关法律支撑。

(二)重硬件建设轻软件应用现象较为突出

全国各级法院在推进信息化建设助力审判执行和司法行政业务的过程中,

建设了大量业务应用系统，工作成效显著。但是业务系统应用不足制约网络化应用成效的情况较为突出，工作实践中存在着重建设、轻应用的现象。一是电子卷宗汇聚率较低制约全业务网上办理。根据《关于全国推进人民法院电子卷宗随案同步生成和深度应用的指导意见》（法〔2016〕264号）的要求，最高人民法院下大力气建成大数据管理和服务平台实现电子卷宗汇聚，各级法院逐步实现电子卷宗随案同步生成，但个别法院尚未通过平台汇聚卷宗；或者虽然实现了电子卷宗随案生成的功能，但深度应用不够，在办案过程中使用效果并不理想，且没有向大数据管理和服务平台汇聚，在一定程度上制约了智慧法院在跨层级、跨地域、跨系统、跨部门、跨业务的深度应用，成为全业务网上办理的瓶颈。二是各地法院先后建成了功能齐全的诉讼服务中心，但视频接访实际使用率低。各地在使用电子卷宗的过程中并未让当事人共享到信息化的成果，如当事人申请阅卷时，可以提供该电子卷宗正卷部分刻制成光盘免除当事人复印费用或拍照时间。三是在执行查控方面，最高人民法院建成的总对总网络查控、本地点对点系统网络查控使用率不高，保障当事人权益"最后一公里"能力有待于进一步加强。四是在人事管理方面，人事信息共享和人民陪审员管理有待进一步完善，纪检监察和司法装备信息化管理也有待进一步加强。

（三）电子诉讼的使用率不够、社会接受度不高

电子诉讼是智慧法院建设的基础性、全局性工作，也是推广阳光司法、提高司法公信力的必由之路。电子诉讼平台是24小时不打烊的法院，人民法院在大力推广的过程中存在如下问题。一是我国电子诉讼采用先行先试的发展模式，但立法和理论的匹配不足。电子诉讼对传统民事诉讼的原则和程序产生一定程度的冲击，法学理论支撑不够。二是从全国范围来看，电子诉讼系统的网上立案、网上缴费、网上开庭、网上证据交换、网上调解等核心功能使用率偏低，应用推广仍需加大力度。三是当事人的诉讼能力和诉讼观念也制约着电子诉讼的发展。部分地区经济发展水平有限，信息化程度本身就不高，当事人对电子诉讼

仍持有观望态度，更喜欢传统诉讼模式，恐在虚拟空间起诉应诉会对其自身权益产生不利影响。

（四）智能化发展目标有待进一步拓展

智能化是智慧法院建设的三化目标之一，也是智慧法院建设的主攻方向。现阶段，全国各级法院已具备一定数量的智能化应用系统，但对当事人诉讼和法官审判、执行的支撑还不够全面，重点领域智能化应用覆盖有待拓展。一是在服务当事人诉讼方面，诉讼服务中心建设时，对支持案例推送、结果预判与调解建议等智能诉讼引导服务能力的不够重视。二是在服务法官审判执行方面，一方面，法官对智审系统的使用率不高，对智审系统的功能不清楚；另一方面，在当事人特殊身份甄别、庭审语音识别转录功能和审判法官工作量评估方面落实力度不够。三是发展不均衡问题较为突出。部分重点领域的智能化应用能够覆盖的法院较少，尤其是中基层法院的覆盖率更低，需要加大拓展力度。

（五）安全保障体系建设相对滞后

目前，在智慧法院建设过程中的网络安全意识不强；信息安全保障体制机制需要及时更新，分级保护建设明显滞后，如非涉密重要信息系统等级保护建设仍需着力推进，涉密信息系统建设仅限于局部范围；各类业务应用还缺乏统一身份认证机制，安全监管体系尚未形成；质效型运维体系建设还不规范，未能形成信息系统运行质效持续提升的机制；数据运维和安全运维仍未全面开展，可视化运维平台未全面覆盖，已经建成或正在建设的可视化运维平台未达到预期使用效果，未形成稳定的运维团队。

（六）信息化技术队伍建设待进一步加强

缺人、缺编、缺机构是长期制约各级法院特别是基层法院信息化建设的难题，也是智慧法院建设的瓶颈和短板。主要体现：一是机构设置不到位，各省（直辖市、自治区）高级法院信息化部门设置和职能定位也呈现不同的表现形式，但是应成立信息化建设工作领导小组统一规划辖区内的智慧法院建设工作；二是人员配备不到位，根据《关于人民法院信息化人才队伍建设的意见》（法〔2015〕189号）的要求，配齐配强规划管理、系统研发、数据管理、信息安全、基础设施和运维保障6类专业人员，每一专业人员不少于2人，但实践中信息技术人员力量配比不到位的情况时有发生；三是信息化人才达标率有待进一步提高，按照《关于人民法院信息化人才队伍建设意见》，配备信息化专业人才情况，高院不少于12名、中院不少于5名、基层法院不少于3名，工作实践中与该要求存在较大差距；四是复合型人才较少，智慧法院建设的扎实推进依靠既懂专业法律知识又懂信息化操作方面知识的复合型人才，但中基层法院这类人才较少，技术人员没有晋升空间，导致人才流动性较大，很多人要么转岗要么调出，留不住人才。

三、进一步推进我国智慧法院建设的意见和建议

智慧法院建设任重道远。坚定不移推进信息化建设，实现审判体系和审判能力现代化，人民法院需要从整体规划层面做好以下几方面相关工作。

（一）以创新体制机制为抓手

创新是智慧法院不断发展的永续动力。一是加强机构建设。"火车开得快，全靠车头带"，要充分发挥各省（直辖市、自治区）高级法院的网络安全和信息化工作领导小组的作用，通过智慧法院建设助推司法改革顺利开展。二是加强创新。制定出台有针对性的政策措施、标准规范等，统筹协调各方资源力量，为智慧法院的持续健康发展营造良好环境；构建"互联网＋法院"模式，努力实现"四个服务"，即智慧法院建设服务人民群众、服务审判执行、服务审判管理、服务廉洁司法；利用多种渠道打通业务和数据的壁垒优化业务流程、提升司法效率，真正实现全国法院一体化；强化评估管理，建立智慧法院建设、应用、评价和监督的闭环管理机制。三是加强理论研究。要做好对智慧法院建

设研究、宣传、培训工作，提升法院干警、党政机关和人民群众对智慧法院的认识，形成全社会对智慧法院建设的了解、认同和参与。

（二）以重视顶层设计为方向

最高人民法院充分发挥自身优势，做好顶层设计深化业务应用提升新成效，引领地方法院做好智慧法院建设工作。一是积极推进重点工作。以深化移动办公、电子卷宗、电子诉讼、数据分析、智能服务等重点领域业务应用为突破口，鼓励地方各地法院结合当地特色开展智慧法院的创新应用，形成示范带动作用，助推实现人民法院信息化3.0版。二是明确智慧法院发展趋势。全国法院专有云资源服务池、全国法院电子送达系统、一体化司法公开平台、国家司法审判信息资源管理和服务平台代表着智慧法院的发展趋势，最高人民法院要充分发挥加快推进和完善相关示范业务应用，并扩大各类应用的覆盖范围，解决各地信息化发展不均衡的实际问题。

（三）以强化沟通协同为助力

大数据、人工智能等新一代技术浪潮方兴未艾，与每个公民都息息相关。信息化建设不是法院一家单打独斗就可以实现的，需要社会各界的共同参与，推动融合共享构建新生态。一是加强政法系统内部的联系。加强与政法系统内部的联系，建立数据资源共享、业务协同办理机制，营造公平正义的司法环境。二是加强与党委及其他政府部门的联系。在紧紧按照党委的要求、在党委的指导下推动技术创新和模式创新，加强与中央网信办、发改委、科技部、工信部等部门的沟通联系，提升智慧法院在国家经济社会发展中的作用。三是加强实践与理论的相互促进。重视智慧法院建设的理论研究，加强与高校、科研院所的交流合作；贯彻司法阳光化要求，鼓励个人、企业积极建言献策，整合社会资源力量共同推动智慧法院建设。

（四）以信息化人才队伍建设为中心

严格按照《关于人民法院信息化人才队伍建设的意见》（法〔2015〕189号）的要求，各级法院要落实推进信息化人才配置，优化人才队伍激发新活力。一是重视人才作用。大力培养引进一批精技术、善管理、懂业务的复合型高素质信息化人才，尤其是既懂法律又懂信息化技术的人才。二是统一规范管理。规范司法信息化专业技术人才的引进、培训及晋升通道；建立信息化专业技术人才的交流、挂职等渠道，在各层级、各地区法院信息化人才均衡发展的基础上解决信息化发展不平衡难题；建立智慧法院咨询专家队伍，充分借助技术专家、专业人才、社会高知共同推动智慧法院建设。

（五）以完善指标体系为保障

最高人民法院要结合智慧法院的发展历程，构建一整套完善的智慧法院建设指标体系。一是增强指标的科学性、可操作性。不断完善评价指标体系的设计，如建立动态评价机制，确保评价数据精准有效；如增加可以体现法院干警和人民群众感受度的主观评价指标；如优化评价指标的模型算法，不断分析研判智慧法院的发展趋势。二是加强对评价指标的宣传和培训，确保全国每个法院都能准确理解对指标的定义和说明，避免产生歧义、实践中的不当适用。三是做好智慧法院建设评价工作。不断发现智慧法院建设存在的问题并不断完善提升，适时颁布智慧法院建设评价标准，各地法院可依据标准自行开展辖区智慧法院建设评价工作。

••••第五篇••••

各级法院智慧法庭建设的成果

党的十八届四中全会提出"构建开放、动态、透明、便民的阳光司法机制"。信息化建设是新时期人民法院提高履职能力、破解工作难题、实现自身发展的必然选择。智慧法院建设既是加强司法管理、提升司法效能的重要支撑,也是深化司法公开、提升司法公信力的必然选择,要求各级法院从全面推进依法治国的大视野推进信息化建设,将信息化贯穿于人民法院的全业务、全方位和全流程,以信息化引领人民法院工作现代化。

智慧法院建设是人民法院立足当下、面向未来的自我革命,是行稳致远、永不停歇的进取之路,也是把人民对美好生活的向往作为奋斗目标的伟大实践。各级人民法院在以习近平同志为核心的党中央坚强领导下,在中央政法委领导下,紧紧围绕"四个全面"战略布局,贯彻落实最高人民法院党组决策部署,以促进审判体系和审判能力现代化为目标,坚持服务人民群众、服务审判执行、服务司法管理,凝心聚力、迎难而上,推动智慧法院建设全面发力、多点突破、纵深推进、整体提升,取得显著成绩。

第十四章

互联网法院建设的成果

在互联网技术广泛应用、互联网经济蓬勃发展的浪潮中，各国纷纷探索"互联网＋"的审判新模式，如英国民事诉讼规则中的电子送达、网络庭审、德国民事诉讼程序电子化及其"e-诉讼法"规则、韩国的"电子法庭（Tele-Courts）"等，互联网法院应运而生。目前，我国先后成立了杭州、北京和广州互联网法院，取得了长足进展。

第一节 互联网法院与智慧法院的关系

智慧法院是人民法院充分利用先进信息化系统，支持全业务网上办理、全流程依法公开、全方位智能服务，实现公正司法、司法为民的组织、建设和运行形态。人民法院通过将现代科技应用和司法审判活动深入结合，完成信息化建设的转型升级，实现审判体系和审判能力的现代化。

互联网法院是将涉网案件从现有审判体系中相对的剥离出来，充分应用互联网技术并以此为支撑，构建专业、高效、便捷的互联网司法审判体系，推进网络空间的法治化水平。互联网法院是智慧法院在应对互联网经济发展和网络空间法治化需要的制度创设，是网络法治化需求的智慧法院。两者的关系可以具体表述为：一是互联网法院是智慧法院的网络化，互联网法院不仅包含智慧法院技术或者智能的特征，即"大数据、人工智能与司法体制改革结合起来"，而且更加凸显互联网技术应用与司法审判各项工作的深度融合。互联网法院属于智慧法院的范畴，是智慧法院的网络化形式。二是互联网法院是智慧法院中的专门法院，互联网法院与智慧法院具有一般与特殊的关系，智慧法院为了加快推进网络空间法治化、有效解决网络纠纷而采用一定的特殊审判机制，构建了以"互联网"为主题的专门法院。

互联网法院具有重大的现实意义：一是全面提升审判质效，应对互联网专业化的挑战。互联网时代，正义需要以便利和高效的网络载体方式实现，互联网法院具备的文书自动生成、电子签名、电子送达等功能，正好可以满足上述司法需求。二是扩展司法便民的途径和范围，互联网法院打破空间局限，免于当事人往返诉讼的成本，节约司法成本，为当事人维护自身权利提供既经济又便利的保障。三是加速推进网络空间的法治化，互联网法院的设立，有利于通过现行先试和优势整合，加快形成互联网审判机制，维护网络安全、化解涉网纠纷，为现代网络空间治理的法治化乃至网络强国提供有效的司法制度保障。[①]

作为网络空间依法治理的"孵化器""试验田"，杭州、北京、广州3家互联网法院先后成立，是智慧法院建设的集大成者。

第二节　杭州互联网法院的实践

2017年6月26日，中央全面深化改革领导小组第三十六次会议上审议通过了《关于设立杭州互联网法院的方案》，同年8月18日，杭州互联网法院正式成立。杭州互联网法院作为全世界首家互联网法院，积极探索互联网司法新模式，形成了可复制、可推广的互联网司法"杭州经验"。

---

① 邓恒. 从智慧法院的视角理解互联网法院[N]. 人民法院报，2017-08-07.

一、全面实行"网上纠纷网上审理"

一是依托电子诉讼平台,实现了起诉、立案、举证、质证、庭审、宣判、调解、送达、执行等诉讼全流程各环节网络化,当事人打官司一次也不用跑法院。二是探索简单案件的"异步审理"模式,即诉讼双方不必同步在线,只需在规定的时限内按照各自选择的时间登录诉讼平台即可,可留言发表意见。目的是打破涉网诉讼的时空限制,方便不同国家、不同时区的当事人进行诉讼。三是开发移动法院系统,借助微信小程序打造指尖上的法院,当事人只需要一部手机就能完成全部诉讼流程。

二、完善涉网案件诉讼规则和裁判规则

杭州互联网法院提炼完善疑难复杂和新类型案件裁判规则,通过一个个生动的司法案例引导和规范网络行为,维护网络空间治理法治化。

(1) 全国首例涉大数据权利归属案。原告淘宝(中国)软件有限公司与被告安徽美景信息科技有限公司涉"生意参谋"零售电商数据平台不正当竞争纠纷案。大数据产业作为新型市场形态,目前正处在形成与新兴过程中,人民法院充分保护大数据产品权利人的合法权益,加大对侵权行为惩治力度。还要充分发挥判决引领作用,探索确立数据资源确权、开放、流通、交易行为规则,明晰各相关主体对于数据产品的权利边界,规范大数据产品的开发与市场应用活动,引导大数据产业健康、有序发展。

(2) 全国首例涉区块链技术固定电子证据的知识产权案。原告杭州华泰一媒文化传媒有限公司发现被告深圳市道同科技发展有限公司未经授权在网站上转载了其作品,侵害了其信息网络传播权,起诉到杭州互联网法院。原告通过第三方存证平台对被告的侵权网页予以取证,并试图通过区块链储存电子数据的方式证明电子数据的完整性及未被篡改。因此,要认定侵权行为确系发生,需就原告的固证、存证方式是否符合电子数据的相关规定及该证据证明力的大

小进行认定。杭州互联网法院认为,对于采用区块链等技术手段进行存证固定的电子数据,应秉承开放、中立的态度进行个案分析认定。区块链作为一种去中心化的数据库,具有开放性、分布式、不可逆性等特点,其作为一种电子数据存储平台具有低成本、高效率、稳固性的优势,在实践审判中应以技术中立、技术说明、个案审查为原则,对该种电子证据存储方式的法律效力予以综合认定。既不能因为区块链等技术本身属于当前新型复杂技术手段而排斥或者提高其认定标准,也不能因该技术具有难以篡改、删除的特点而降低认定标准,应根据电子数据的相关法律规定综合判断其证据效力。杭州互联网法院结合区块链技术用于数据存储的技术原理,以电子证据审查的法律标准为基础,对区块链电子存证的效力认定确立了一套完整的审查方式,确立涉网证据的取证流程、认定标准和操作规则,取得法律效果和社会效果的有机统一。

(3) 全国首例因售卖"比特币"等数字财产而引发的网络交易案。原告陈国贵与被告浙江亿邦通信科技有限公司网络购物合同纠纷一案,杭州互利网法院认为,合同交易的标的物是"挖矿机",这是专门用于运算生成比特币的机器设备。根据我国现行法律、行政法规的规定,并未禁止比特币的生产、持有和合法流转,也未禁止买卖比特币挖矿机,故挖矿机本身具有财产属性,案涉合同依法成立、有效,建立虚拟财产的产权保护机制。

三、深度运用信息技术提升审判质效

杭州互联网法院树立开放共享、互联互通的互联网思维,充分应用大数据、云计算和人工智能等信息技术,提升审判质效。一是实现与外部系统数据对接。杭州互联网法院电子诉讼平台与当地的公安、工商、通信运营商、电子商务平台数据对接,诉讼主体身份线上核实、证据材料在线提取、诉讼文书电子送达,大幅提升了审判执行效率。二是打造"枫桥经验"升级版。将调解贯穿于诉讼活动始终,引入人民调解委员会、中国互联网协会调解中心等多家调解组织,构建漏斗式的涉网纠纷多元化解体系，实现诉讼程序与非诉程序的有机衔接。三是审判全流程智能化辅助。充分发挥智审辅助系统，实现智能化立案、庭审语音自动识别、电子卷宗随案同步生成、裁判文书自动生成、诉讼文书一键电子送达。

第三节　北京互联网法院的实践

2018 年 7 月 6 日，中央全面深化改革委员会第三次会议审议通过《关于增设北京互联网法院、广州互联网法院的方案》。2018 年 9 月 9 日，北京互联网法院成立，将互联网技术和司法审判深度融合，不断探索新型互联网诉讼规则，取得了一定成效。

一、线上线下并行、多元化、一站式服务打通"智慧诉讼服务体系"

北京互联网法院将法律知识图谱技术、人脸识别技术、云视频技术、微服务架构技术等十大核心技术运用到互联网审判中，北京互联网法院电子诉讼平台实现了全流程在线诉讼，提供"一键提交、一链办理、一线联通、一网通办"的一站式服务，"24 小时不打烊"。当事人立案申请 100% 在线提交，其中约 1/4 是在非工作时间提交。当事人同意在线审理的案件全部在线开庭，案件平均审理周期 40 天，实现一次也不用跑法院就能打官司。

北京互联网法院打造手机端移动微法院，在实现当事人网上立案、案件查询、在线送达、在线调解、在线庭审等 20 余项功能的基础上，嵌入 AI 虚拟法官，为当事人提供浸入式问答体验，将"指尖司法、掌上天平"融入司法的温度。

二、解决电子平台送达难问题

实行"手机弹屏送达"技术，互联网法院顺利开展电子送达工作，将送达信息发送到当事人手机,该信息显示在主屏幕,点击关闭才能继续使用手机,案件审理顺利进行。在此基础上建立多元化线上诉讼体系,和互联网企业达成一揽子送达协议,送达效率显著提升。

三、解决电子证据存证难、取证难、认证难问题

北京互联网法院建立司法区块链"天平链",将区块链技术创新应用于司法审判,完成跨链接接入区块链节点,完成版权、著作权、互联网金融等应用节点数据对接。制定《天平链接入与管理规范细则》、《天平链接入测评规范》、规范接入方的资质、电子数据的存证规则,大幅提高了电子证据的可靠性和证明力。

四、加强团队引领

北京互联网法院加强与各大高校及研究院所的沟通协作,为培养高品质研究成果积蓄力量。建立互联网法治教育实践基地,与北京市委党校、高校建立共建机制,成立"互联网法律人才培养中心",培养法治人才。建立"互联网技术司法应用中心",聘请技术专家成为技术智库成员,举办和参加各类学术论坛、研讨会,为打造一支既具有法律知识能力又具有互联网高科技思维,还具备国际化视野的互联网尖端法律人才队伍打下坚实基础。

第四节 广州互联网法院的实践

2018年7月6日,中央全面深化改革委员会第三次会议审议通过《关于增设北京互联网法院、广州互联网法院的方案》。9月28日,广州互联网法院正式揭牌成立。广州互联网法院坚持法治思维和互联网思维,为网络空间治理法治化贡献广州智慧。

一、建章立制明确受案范围

2018年9月6日，最高人民法院发布《最高人民法院关于互联网法院审理案件若干问题的规定》，就北京、广州、杭州3家互联网法院集中管辖各类案件的普遍性规定；2018年9月27日，广东高院结合三地在行政设置、法院体系、互联网法院组建模式等方面的不同，正式发布《关于广州互联网法院案件管辖的规定》，广州互联网法院集中管辖广州市辖区内应当由基层人民法院受理的11类一审案件，包括通过电子商务平台签订或者履行网络购物合同而产生的纠纷；签订、履行行为均在互联网上完成的网络服务合同纠纷；签订、履行行为均在互联网上完成的金融借款合同纠纷、小额借款合同纠纷；在互联网上首次发表作品的著作权或者邻接权权属纠纷；在互联网上侵害在线发表或者传播作品的著作权或者邻接权而产生的纠纷；互联网域名权属、侵权及合同纠纷；在互联网上侵害他人人身权、财产权等民事权益而产生的纠纷；通过电子商务平台购买的产品，因存在产品缺陷，侵害他人人身、财产权益而产生的产品责任纠纷；检察机关提起的互联网公益诉讼案件；因行政机关做出互联网信息服务管理、互联网商品交易及有关服务管理等行政行为而产生的行政纠纷；上级法院指定管辖的其他互联网民事、行政案件。对广州互联网法院做出的判决、裁定提起上诉或抗诉的案件，分别由广州中院和广州知识产权法院受理。

为了规范互联网法院审判执行工作，广州互联网法院在全面梳理和设计审判流程的基础上，制定了内容涵盖管辖、起诉、调解、立案、送达、证据、庭审、合议、裁判文书制作、宣判、归档、上诉、再审、执行等各个方面的审判手册，共计14章150条。此外，还配套出台了《起诉须知》《涉网民事纠纷立案须知》《涉外涉网民事诉讼立案须知》等诉讼指引文件12个，为做好收案工作打下了坚实的基础。

二、司法便民实现"六个一键"办理

广州互联网法院充分运用大数据、司法人工智能等新技术,建设智慧审理平台,通过"一键立案、一键调解、一键调证、一键审理、一键守护、一键送达",使诉讼各环节在线完成,为当事人带来极简化诉讼服务体验。其中,"一键调证"将解决当事人网上纠纷举证难题,审理平台通过对接互联网平台原始数据,可自动调取货物清单、交易记录、支付记录等,通过区块链技术确保证据来源可溯、过程可查、结果可信。此外,当事人、诉讼代理人、审判人员均可灵活选择手机APP、微信小程序、Web页面等方式在线视频交流辩论、举证质证,实现在线"一键审理"。

三、创新节点管理模式打造诉源治理广州方案

2019年3月底,广州互联网法院"网通法链"智慧信用生态系统正式上线。该系统突破现有节点管理模式,以区块链技术为基础,构建"开放中立的数据存储基地、公正高效的互联网审判证据规则、共治共享的互联网信用生态坐标",为解决数据信息接入、电子证据调取和存储、诉源治理探索广州经验。

"网通法链"系统建设中坚持"生态系统"理念,打造"一链两平台"新一代智慧信用生态体系。其中,"司法区块链"依托智慧司法政务云,联合"法院+检察院+仲裁+公证"多主体,集聚"电信运营商+金融机构+互联网企业",为智慧信用生态系统提供区块链技术支撑。"可信电子证据平台"以规则制定为抓手,严格管理规范、技术要求、安全标准、存证格式,为当事人提交电子合同、维权过程、服务流程明细等证据线索"一键调证"提供支持。"司法信用共治平台"则围绕从源头减少审判执行增量,着力打造诉源治理"广州方案"。

四、做好团队建设,认真调查研究

在广州互联网法院设立之初,广州中院面向全市法院遴选组建起一支年轻化、专业化、多元化的互联网法院审判团队,首批入围的 13 名法官中硕士以上学历约占 70%,院领导、员额法官平均年龄分别为 45 岁和 36 岁,是全国 3 家互联网法院中人员平均年龄最年轻的法院。年轻化、专业化的审判团队,有利于研究涉互联网案件的法律适用,探索完善符合互联网规律的新型技术平台、新型诉讼规则、新型治理规则。

第十五章

全国各高级人民法院的实践

信息化时代，实现信息化与法院工作的深度融合是大势所趋，是人民法院工作的重大挑战。各高院人民法院在最高人民法院的支持和指导下，蹄疾步稳有序推进智慧法院建设，智慧法院在科技浪潮中成长，在公正之路上蜕变，取得了长足的发展，为助推司法为民、公正司法提供了有力技术支撑。

第一节 江苏省高级人民法院的实践

近年来，江苏高院坚持目标导向、问题导向、需求导向和效果导向，着力在服务人民群众、提高审判质效、强化执行工作、推动司法公开、助力司法改革等方面下功夫，人民群众对信息化建设的获得感不断提升。

一、围绕服务理念，突出应用实效

坚持服务群众、服务审判、服务改革的理念，并贯彻于智慧法院建设始终，突出应用、注重实效，着力提升信息化应用水平。一是注重信息化建设的实用性，让法院干警感受到信息技术带来的便利，切实减轻工作负担，提高审判效率，以智能服务革新审判。二是注重信息化建设的便捷性，坚持用户导向，让法院干警便于接受、便于学习、便于应用,而不是审判实务中的负担。三是信息化建设的创新性,始终坚持问题导向,解决审判执行实践中遇到的困难和问题,关注法官和司法辅助人员的需求点,寻求利用信息化创新解决问题的方式方法。

二、强化基础系统建设

完成信息化"三大工程"建设,即云平台、大数据、人工智能。一是"云平台工程",采取租赁服务的方式建成了基础性云平台,向全省法院提供统一的软硬件基础资源和灵活的资源调配,解决各级法院疲于扩建机房、增添服务器、运维保障的难题。二是"大数据工程",依托"人民法院司法大数据研究基地",培养人才,开展研究,建立规范、标准、统一的数据资源库,研发大数据服务产品,为实现"大数据、大格局、大服务"提供保障。三是"人工智能工程",围绕"全方位智能服务",实现智能语音转写全景应用,开发智能服务平台,为法官提供信息项智能回填、审判信息智能推送、裁判结果智能预测、文书智能编写等功能;开发全业务流程电子诉讼服务平台,为当事人提供支持网上证据交换、网上质证、网上开庭、案件预测等功能;全面推进网上办案和卷宗同步数字化基础性工作,电子卷宗随案生成,上诉案件电子卷宗同步移送,为审判智能服务奠定了坚实基础。

三、深化司法公开构建阳光司法

把实现审判执行全流程要素依法公开作为智慧法院建设的重要内容,以信息化手段推进司法公开实质化、常态化。一是审判流程公开方面,将立案、开庭、审限变更等与当事人诉讼权利密切相关的12个流程节点,与12368短信平台技术捆绑,实行流程节点自动告知。二是裁判文书公开方面,将文书上网与结案、归档节点进行技术捆绑,确保应上网的文书全部上网公布。三是庭审公开方面,建立"江苏法院庭审直播网",同步接受法庭内外、法院内外的监督。四是完善互联网＋诉讼服务体系，整合诉讼服务渠道，构建线上线下打通、内网外网互动的立体式诉讼模式，为当事人提供一体化、全方位、高效率诉讼服务。

四、在智慧法院建设的同时深化司法改革

江苏高院将信息化建设摆在全面深化司法改革的大背景下谋划，努力做到司法改革推进到哪里，信息化保障就跟进到哪里。一是升级案件管理系统，为法官提供知识分享、程序指引和实体裁判标准，全面提高办案质效，以适应司法责任制改革要求。二是深化可视化审判监督管理平台建设，开发审执动态、长期未结案件、发改案件、涉诉信访等10多个审判管理业务模块，推动法院内部的扁平化管理，以适应司法责任制改革要求。三是开发裁判结果自动监测系统，实现裁判偏离度分析、预警功能，依托大数据规范法官自由裁量权，以解决"同案不同判"问题。

第二节　上海市高级人民法院的实践

近年来，上海高院坚持"科技强院"方针，以"大数据、大格局、大服务"理念为指导，促进信息技术与法院工作的深度融合与深度应用，逐步实现由传统法院向智慧法院的转型升级。上海高院制定了《"数据法院"建设与发展规划（2017—2019）》，确立了打造具有标准化、数字化、实时化、价值化特征的"数据法院"，提升上海法院的工作效率和司法公信力。

一、加强基础设施建设

建立"上海市高级人民法院大数据信息系统"，开发法官办案智能辅助系统、裁判文书智能分析系统、移动办案平台、12368诉讼服务平台等应用，融合大数据、云计算、移动互联网等新技术，完成了标准化大数据库、现代化数字机房、

集约化云平台等基础设施建设,形成了网络顺畅安全、应用全面覆盖、数据即时生成、信息高度聚合、资源共享互通、管理三级联动的大数据应用格局,实现了法院工作和信息化技术的高度融合。

二、大力推进司法公开

坚持"公开是原则、不公开是例外"原则,打造"阳光司法、透明法院",做到了执法办案全程公开、全程留痕、全程可视、全程监督,有效保障人民群众的知情权、参与权、表达权和监督权。构建了全方位、多层次、互动式的司法公开体系,建立具有上海特色的审判流程、庭审直播、裁判文书、执行信息等11大司法公开服务平台。例如,审判流程公开平台,审判流程被细化为节点,以短信形式向当事人推送,实现审判流程信息全公开。

三、大力推进司法便民

坚持司法为民的根本宗旨,"把困难留给自己,把方便留给群众""让数据多跑路,让群众少跑路",着力打造具有上海特色的诉讼服务平台,"诉讼服务中心""12368诉讼服务平台""律师服务平台"已成为上海法院诉讼服务的三大亮点。例如,诉讼服务中心集热线、短信、网络、微信、APP、机器人、窗口七位一体,提供登记立案、导诉分流、法律援助等30余项服务,为当事人提供全方位、零距离、无障碍的诉讼服务。再如,建立全国首个12368诉讼服务平台,具备联系法官、查询案件、法律咨询等20项功能,具备24小时全天候智能语音自助服务能力,实现一号对外、"一门式"服务,方便群众诉讼。又如,建立全国首个律师服务平台,包括网上立案、办理、沟通、辅助、评价等功能,改善了律师执业环境,保障了律师权益。

四、全面提升审判能力

大力推进法官办案智能化辅助系统建设，如法官办案智能辅助、裁判文书智能分析、移动智能终端办案 APP、"全快搜"智能搜索等 35 个系统，为司法能力的全面升级提供技术支持。例如，全国首创 C2J 法官办案智能辅助系统，依托 1 轴 9 库 22 个辅助工具，整合司法资源智能搜索、庭审语音智能识别、裁判文书自动生成、参考案例、类案推送等智能服务，全方位收集办案相关信息，提升审判执行质效。再如，全国首个裁判文书智能分析系统，运用实时计算、关联挖掘、分析预测等技术对裁判文书中 61 项质量要素进行智能分析判别，避免了逻辑错误、遗漏诉讼请求、法律条文引用错误，大幅提升裁判文书质量。

五、助力司法决策科学化

大数据是科学决策的驱动力。依托大数据库，上海高院建立了案件审判态势、金融诈骗犯罪、执行工作等多项大数据专项分析平台。尤其是执行大数据分析平台，实现全方位掌握被执行人行踪、被执行人财产动态、精确评估被执行人履行能力等 10 余项功能，解决了被执行人难找、执行财产难寻、协助执行人难求、应执行财产难动等执行瓶颈，实现了执行决策和执行办案的科学化、智能化、精确化，为基本解决"执行难"提供了有力保障。

第三节　北京市高级人民法院的实践

近年来，北京市高院按照最高人民法院院长要求，在最高人民法院信息中心指导下，以网络化汇聚数据，支撑司法管理和社会管理科学创新；以智能化化繁为简，减少办案压力智能化辅助科学决策；以阳光化服务群众，打通司法公开诉讼服务多元化通道，全力打造智慧法院。

一、满足人民群众多元司法需求

（1）打造了互联网、移动 APP、诉讼服务自助终端、微信、12368 人工语音和诉讼服务窗口等多渠道、立体化的诉讼服务平台，提供咨询、阅卷、证据交换、远程庭审、在线调解等全网上多元诉讼服务，让信息多跑路，让群众少跑腿。还将北京法院审判信息网接入北京市法人一证通，企业法人一键登录实现身份认证后，即可办理网上立案、案件查询等事项，解决服务法人"最后一公里"问题。

（2）建设北京法院智汇云平台，整合法院专网、互联网平台和移动平台实现互联互通，为全市三级法院提供网上办公、网上办案、数据服务、智能检索、日程管理、即时通信六大服务功能，实现全面互联、数据共享。

（3）研发卫星单兵系统，与审判执行办案系统互联互通，有效解决巡回审判和重大执行指挥工作中长期存在的 4G 网络覆盖不全、信号不稳问题。依托以宽频卫星技术为载体的移动专网服务，配合全景摄像和无人机设备，全方位支撑审判执行工作。

二、实现审判管理科学化

（1）以《北京法院审判流程信息化管理办法》为基础，研发满足司法改革背景下院庭长办案、团队化办案和智能支持的审判业务系统，全面支持北京三级法院随案电子卷宗的同步生成，全面实现对审判执行工作的智能化支持。

（2）构建"数据集中化、流程可视化、管理精细化"的审判管理平台，审判系统全程留痕，动态监督审判人员行使职权。建立重大敏感案（事）件管理系统，确保重大敏感案（事）件实现依法处理、舆论引导、社会面管控"三同步"。

三、全面提升司法审判质效

（1）研发北京法院智能研判系统——"睿法官"，主动推送相关的数据信息和定向分析，提供案件多维度分析报告，自动关联八类信息，在立案、庭审、合议、文书撰写等环节提供审判辅助和决策支持。

（2）立足于法官办案的核心需求，构建数据可视化专题分析、智能检索服务和自动司法统计于一体，推进全市法院执行办案和指挥管理系统建设，进一步解决执行难，实现了办案智能化、管理可视化、公开人文化。

第四节　河北省高级人民法院的实践

近年来，河北省高院在最高人民法院的指导下，积极开展信息化建设工作，实施"五八六"工程，构建"2+2+3"司法便民服务模式，整合诉讼服务中心和一乡一法庭的实体服务，实现审判执行工作从传统向现代化方式的根本转变，取得了明显成效。

一、构建五大网系

河北高院用两年时间构建了五大网系（法院专网、移动专网、互联网、外部网、涉密专网），彻底解决了网络类型少、网络带宽小、网络质量差、网络未全覆盖的网络基础设施薄弱问题，为智慧法院建设打下了坚实的基础。法院专网的建成实现了网络扩容；移动专网的建成实现了全省三级法院、四级法庭的全覆盖；互联网建成实现了方便当事人诉讼，真正做到"最多跑一趟"；外部专网的建成为解决执行难提供了基础网络支撑；涉密专网的建成提高了涉密信息的安全保障力度。

二、打造八大平台

河北高院系统整合后打造了八大平台，实现了数据互联互通、相互调用、相互联动，全面提升人民法院司法服务水平。数据集中管理平台的建成实现了全省法院的信息共享和交换；庭审指挥管理平台实现了全省全部数字法庭、监狱法庭、便携式法庭的统一监控、管理；司法公开管理平台形成了具有河北特色的网上诉讼服务平台，整合了审判流程公开平台、裁判文书公开平台、执行信息公开平台、庭审直播公开平台、践行假释公开平台所有功能；移动外勤办案平台实现了法律文书的现场制作、现场回传批复和现场打印；协同办公服务平台实现了全省法院之间多层级多元化日常办公；视频集中管控平台实现了不同系统之间的音频视频资源的共享、互通和机动调度；执行指挥管理平台的建成实现了对全省执行工作的统一掌握分析；信息安全管控平台的建成实现了对风险和态势的标准化、例行化、常态化安全流程管控。

三、创新六大系统

河北高院打造智审系统、审判风险防控系统、便携式数字法庭系统、网上诉讼服务系统、刑事三方远程庭审系统、庭审自动巡查系统。其中，"庭审自动巡查系统"是河北高院自主研发的，对全省法院的庭审进行实时全流程检查监督，将传统的人工巡查转化为系统"一键操作、实时巡查"，确保了"每庭必录、每审必查"。该系统具备四大功能：一是全流程监管，自动检查案件是否实现数字庭审、执行每庭必录的要求、按照排期开庭等；二是庭审行为监管，对庭审中缺席、迟到、早退、接打手机、不按照要求着装等不规范行为，自动截屏、录像、生成巡查日志，实时反馈给本人、院庭领导；三是庭审流程评查，自动判断庭审流程是否完整、审判过程是否规范，对每次庭审自动评分，有力提升审判质量；四是绩效管理，对问题事项和巡查结果自动记入法官业绩档案。此外，电子卷宗随案自动生成系统也是河北高院自主研发，河北高院开展电子卷宗制作工作较早，该系统具备卷宗自动采集、一键扫描；案号快速查询，一键到达；智能分类与自动排序；自动生成卷内目录；自动挂接公安卷、检察卷；实现图像处理与优化；神经网络学习与持续训练；数据安全储存与备份八大功能，最高人民法院将河北法院电子卷宗随案自动生成系统及相应工作体系定位为"河北模式",并向全国推广。

第五节　重庆市高级人民法院的实践

近年来,重庆市高院在最高人民法院的指导下,发挥大数据、人工智能、互联网的积极作用推进智慧法院建设,构建人力和科技深度融合的司法运行新模式。

一、重要成绩

重庆高院促进大数据、人工智能、互联网与司法运行机制深度融合,三位一体协同推进新型智慧法院建设格局。

(1) 建立重庆法院智云中心,实现"大数据+司法"。打造三级法院共享共用法院智云中心,将全市三级法院的审判、政务、人事等应用系统信息进行存储、挖掘、分析、统计,既方便法院进行执法办案、审判管理,又可以为党委政府提供经济社会决策数据。

(2) 建立金融案件智能专审平台,实现"人工智能+司法"。将信用卡、金融借款案件作为"类案智能专审平台"建设的工作重心,打造专供金融机构使用的类案"智慧e审"和专供法官使用的"智能专审"系统。方便金融机构起诉应诉,提高金融案件的审判效率。

(3) 建立全市法院纠纷易解平台与全域立案,实现"互联网+司法"。建立"全市法院纠纷易解平台",促进重庆市内统一的纠纷一体化化解,并与当地调解平台互联互通,法院可以在线委托调解、委派调解。探索全域立案试点,试点地区的当事人可以在辖区内的任一法院起诉并提交相关材料,收件法院进行信息录入并通过立案系统传送至有管辖权的法院,有管辖权的法院依法确定立案后，收件法院可打印立案通知书并代为送达，从而方便当事人诉讼。

二、基本特征

（1）准确把握智慧法院建设的核心。大数据和人工智能是智慧法院建设的核心，重庆高院遵循大数据与人工智能相辅相成、融合发展的建设思路，实现大数据的智能化运用，推进裁判规则的类型化、标准化和要素化。

（2）清晰界定智慧法院建设的基础。大数据是智慧法院建设的基础，是人工智能、互联网司法应用的信息来源，因此，要把司法大数据做实做细，为法官提供裁判参考，统一裁判尺度、提高审判效率。

（3）合理部署智慧法院建设的步骤。重庆高院发挥直辖市法院体制优势，三级法院整体推进智慧法院工作，以"同一系统、同一平台、同一标准"为技术支撑，推进专项平台建设及全域立案。

三、发展方向

（1）依法保护新型工业化和信息化深度融合中的新业态新权益。大数据、人工智能促进传统领域演变出新的产业形态，新业态对法律体系产生了巨大影响，法律规则尚不完善。谁掌握了法律规则的确定权，谁就掌握了产业融合发展的主动权。因此，要加大对智能社会法律和伦理道德的边界、人工智能存在的问题，尤其是人工智能涉及的著作权作品知识产权归属、隐私和数据保护、国家安全、无人驾驶汽车等智能产品的法律责任进行前瞻性研究。[1]

（2）推进大数据、人工智能在民事、行政、刑事等领域的应用，尤其是对于案件体量大、案件共性强、重复劳动多的民商事简易案件。

（3）建立合理运用大数据、人工智能的方法体系。既要通过分解要素，提高人工智能应用的精准度，又要充分认识人工智能的局限性，做好审判辅助工作。

---

[1] 杨临萍．智慧法院建设的实践与思考[N]．人民法院报，2017-10-25．

第六节　广东省高级人民法院的实践

近年来,广东省高院确定"强行入轨、强力推进"思路,巩固四级专网、业务系统、科技法庭、视频会议系统、安全体系五大建设成果,积极深化信息化建设和应用,努力构建广东法院特色信息化建设。

一、指导思想

广东高院树立全省一盘棋理念,实现信息自由共享。结合广东省信息化建设起步早、存在重复建设及信息孤岛现象突出的特点,广东高院对信息化建设总体规划、统一技术标准和参数,推动全省层面的信息共享、互联互通、大数据综合利用。

二、总体情况

(1)基础设施方面,实现从省院到中级人民法院、基层法院和派出法庭四级网络全覆盖,全省法院专网与最高人民法院互联互通。

(2)应用系统方面,建成审判业务系统(包括审判管理子系统、案件监督子系统、司法监督子系统、司法统计子系统、人民陪审员子系统、审委会管理子系统、绩效评价子系统、档案管理子系统)、执行业务系统(包括执行查控子系统、失信惩戒子系统、远程指挥子系统、执行要情子系统、执行案件管理子系统)、司法政务系统(包括办文管理子系统、车辆监控管理子系统、收发件管理子系统、廉政档案子系统、会务管理子系统、督办管理子系统、队伍管理子系统、风险防控管理子系统)和诉讼服务系统,包括司法公开平台子系统,当事人可凭密码上网查询案件详细信息,当案件关键节点发生变化时,当事人能够收到手机短信提醒,实现审判流程信息、执行信息、裁判文书信息的公开;微信平台子系统,通过微信平台随时查看案件进度、诉讼指引及法院的相关动态信息；百度直达号子系统，利用移动搜索、@账号、地图、个性化推荐等多种方式，用户随时随地一键直达广东法院网上诉讼服务；全覆盖的诉讼文书电子送达子系统，经当事人同意后由系统将裁判文书发送到专用电子邮箱，并用短信提醒当事人，实现诉讼文书的电子送达；12368热线子系统，建立12368诉讼服务热线平台暨总平台，构架当事人与法官之间的无障碍沟通桥梁，各中院建立分平台，实现全省法院12368诉讼服务热线平台、功能、服务的"三统一"；门户网站子系统，既是公开载体又是宣传窗口。

（3）信息安全方面，按照最高人民法院部署实现了单点登录，实现系统用户统一的授权管理、访问控制和信息保密；采用域管理模式，限制终端计算机权限，有效防范病毒入侵；开发CA认证、电子签名签章，确保系统用户统一授权管理、访问控制和信息保密，实现无纸化办公；建成涉密计算机网络系统，实现密件的网上传阅和办理。

三、特色信息化应用

（1）减刑假释协同办案。建立"减刑假释协同办案平台"，支持办理减刑、假释和暂予监外执行案件的申报、审核、审理、监督。该平台由案件申报系统、案件审核系统、案件审理系统、案件监督系统4个部分组成，分别适用于监狱和看守所、监狱管理局和公安局、高院和中院和检察院驻监监察室。4个部分相互协作，形成完整的业务协同链条，减刑假释案件的办理效率大幅提高，取得了显著成效。

（2）点对点查控。建成了执行查控系统，具有数据传输封闭、安全系数高、操作简便、人工介入少、运行速度快等特点。执行查控系统分财产信息查询和身份信息查询两大类，全省157家法院通过该系统与银行、工商、车管、房管等多个部门连接，在网上实现对被执行人相关信息的查询，有效利用银行、工商等多个部门的信息。系统建成后，将法官从繁重的执行任务中解放出来，减少人力物力，执行效率大幅提高。

（3）执行款管理系统，是执行案件管理系统的子系统，实现了执行款的有效管理。该系统的基本功能有执行款入账管理、执行款划付管理、执行款收付通知、不明款项管理、执行款调账管理、保证金管理、执行款的统计分析功能的同时，着重突出执行款的风险防控，针对收款与付款容易产生的风险点，进行了有效防控。

第七节　新疆维吾尔自治区高级人民法院的实践

近年来，新疆高院制定《全区法院信息化建设（2015—2017）三年发展规划》及《全区法院三年规划任务分解表》，确定了"统一规划、分级部署，统一标准、保障安全，深化应用，服务司法"的工作原则，坚持信息集中管理"一个中心"，建设完善对内对外"两大平台"，全面建设信息化应用"六大系统"，信息化建设取得显著成效。

一、着力提高智能化服务系统

新疆高院树立服务审判执行第一要务工作理念，从方便法官网上办案、提高法官网上办案质效入手，通过"点对点"的服务形成从立案、审理到执行的全网智能服务。

（1）提升立案工作质效。新疆高院从立案工作入手，把上下级法院信息互通共享作为基础，通过设置重复立案查询模块、案件信息数据自动复用功能、电子卷宗自动关联，有效解决调卷难。

（2）提升审判质量。针对基层法院的派出法庭法官审判经验丰富、计算机操作能力薄弱的现象，新疆高院在审判信息管理系统中构建以下功能模块：裁判文书自动生成模块，特别是少数民族文字的裁判文书，在审判信息管理系统同样可以复制、粘贴，对于少数民族法官来说减少了打字的困扰；裁判文书自动纠错模块，降低低级错误出现的概率；常用损害赔偿金额计算模块，提高审判效率；量刑规范化模块，法官在案件办理过程中直接适用，不受终端PC机和岗位调动的影响。

二、着力探索新疆法院审判执行规律

长期以来，新疆法院承担着维护社会稳定、化解社会矛盾的职责，较内地法院有着更为重要的使命担当。但是，长期以来数据统计靠明传、时间跨度大的问题一直困扰着新疆各级法院。新疆高院启动数据中心建设，通过科技手段完成领导决策分析的"华丽转身"。

（1）强化专项统计，增加了诉讼语言统计、诉前调解统计、司法辅助统计，有利于了解和掌握法院工作实际。

（2）强化数据质量，确定信息化应用的考核指标包括网上办案纳入绩效评估考核、加大庭审评查力度、裁判文书公开考核力度，结合现有审判信息管理系统流程特点，同时兼顾考核指标的科学性，激发干警工作积极性。

三、打造新疆特色便民利民体系

（1）打造"双语"诉讼服务中心。新疆法院的诉讼服务中心建设向提高服务质量转型，推行"双语"导诉、"双语"诉讼指南、"双语"电子触摸屏和LED屏，直播少数民族语言文字审理的庭审录音录像。

（2）打造"双语"司法公开平台。新疆法院诉讼服务网兼具司法公开和诉讼服务功能，实现"一网"全覆盖，提供"双语"查询、少数民族裁判文书公开，方便各族群众和当事人在同一平台解决所有需求。

（3）打造"双语"12368诉讼服务热线。新疆法院12368汉语和维吾尔语"双语"诉讼服务热同时上线运行，各地均能实现一号拨打、人工转接和语音自助服务，提供"双语"服务、12368 短信平台同步推进，为各族群众和当事人提供诉讼咨询、案件查询、联系法官，以及接受监督举报、意见建议等功能。

第八节　青海省高级人民法院的实践

近年来，青海高院按照最高人民法院的统一部署，加强顶层设计、发挥后发优势，以"一库、二中心、三平台"建设为重点，推动形成以数据为中心的信息系统，走出了信息化建设的特有道路，实现了欠发达地区法院信息化工作的跨越式发展。

一、发展历程

青海省自然条件较为艰苦、经济社会欠发达、交通不便，少数民族聚居且省内面积较大，在找准与沿海省市信息化建设差距的同时，利用青海省政法机关建设政法专网的契机，积极推进全省法院信息化工作。

第一阶段是艰难起步阶段，即 2002—2012 年，搭建了法院信息化基础支撑平台、建成了部分业务应用系统、建设了信息技术人才队伍，信息化应用取得一定成效。

第二阶段是探索前行阶段，即 2013—2015 年，在第一次全国法院信息化工作会议后，青海高院成立了信息化工作领导小组，制定了《关于加强青海省法院系统信息化建设的指导意见（2014—2016）》，统筹规划全省信息化深度应用，信息化工作取得重大进展。

第三阶段是迎头赶上阶段，即 2016 年至今，充分利用大数据、云计算、物联网和移动互联技术，推动形成以数据为中心的信息系统，实现信息化跨越式发展。[1]

---

[1]　乔健，姚琨．实现欠发达地区法院信息化工作跨越式发展：青海法院信息化建设和应用的调研报告 [R]．中国法院信息化发展报告，2017．

二、主要成绩

青海高院在信息化建设上，突出"一库、二中心、三平台"3个重点。

一库，即审判信息资源库，实现全省法院的司法审判、司法人事、司法行政等全部应用系统的互联互通，构建集审判动态、司法统计、质效评估、综合搜索、数据质检、专题分析等服务为一体的数据中心。

二中心，即执行指挥中心和诉讼服务中心。省高院和各级中院基本建成执行指挥中心，具备远程指挥、视频会商、请示汇报等功能，建立人民法院执行案件流程信息管理系统，实现执行案件的规范化、一体化、智能化、联动化管理。全省各级法院均按最高人民法院要求，建成诉讼服务中心，配齐诉讼服务一体机和自助查询机；建成了诉讼服务信息系统，开通12368诉讼服务热线；开发了涉诉信访管理系统，建成远程视频接访系统；整合线上线下，为案件当事人提供诉讼便利。

三平台，即数字法庭统一管理平台、司法公开平台、法院专网平台。省高院建成数字法庭统一管理平台，实现数字法庭的直播、点播，实时展示全省数字法庭的建设与应用情况。建成了包含审判流程、裁判文书和执行信息在内的三大司法公开平台，开通了官方网站、微博、微信和新闻客户端，多渠道开展诉讼服务工作。建成了全省法院二级、三级专网和局域网，以及覆盖部分人民法庭的四级专网基本建设，实现了信息化基础平台网络全覆盖。

三、主要特点

青海省高院智慧法院建设的过程为西部欠发达地区因地制宜开展好信息化工作提供了良好的范例。

(1) 完善应用系统，提升法院"三个服务"的能力。建设网上法院系统，实现全业务覆盖、全天候诉讼、全流程公开、全方位融合，有效服务人民群众。开发双语审判系统，实现裁判文书的同步翻译、藏文笔录的自动转换；建设协同办案系统,实现法院和监狱、检察系统的信息共享与交换;开发司法辅助管理系统,实现鉴定、评估、拍卖全部网上流转,有效服务审判执行方面。开发综合人事管理系统、廉政风险防控系统、公文智能编校系统,有效服务司法管理。

(2)提高网络安全意识,提升信息运维水平。制定并落实符合保护等级要求的安全管理制度,建设符合保护等级要求的信息安全设施,尤其是加大对涉密信息及非涉密重要信息系统等级保护工作。科学界定涉密网络和非涉密网络,完成涉密信息系统的分级保护测评和整改工作,建设符合分级保护要求的保密技术防护设施。

四、经验总结

作为经济欠发达省份,在推进信息化应用时需要采取非常规措施。一是坚持以上率下,从上而下的推进信息化建设,省高院尤其是一把手亲自抓,认真贯彻落实信息化建设与应用的要求。各中院起到传帮带的作用,带头有条件的基层法院做好信息化建设和应用,如城区基层法院和基础较好农、牧区基层法院。二是转变思想观念。认识和观念问题由于带有内生性,解决起来不容易,需要突破思维定式和工作方式,这无疑是一场自我革命,是青海法院推进加强信息化建设与应用必须迈过的一道沟坎。[①] 要迈过这道坎,不仅要从上而下推进,还有从下而上自发拥护信息化建设。这就需要广泛宣传,让社会公众、诉讼参与人了解并享受到法院信息化建设尤其是智慧法院建设带来的便利。

---

① 乔健,姚琨.实现欠发达地区法院信息化工作跨越式发展:青海法院信息化建设和应用的调研报告[R].中国法院信息化发展报告,2017.

第十六章

全国各中基层法院的实践

除了高级法院层面，各中基层法院也在按照最高人民法院部署和所在省市区高院要求，有序开展智慧法院建设，并取得了一系列可推广的经验。

第一节 四川成都市中级人民法院的实践

近年来，成都中院积极运用"互联网＋"思维和大数据、云计算、人工智能等技术，建设融"智能法院""网络法院""融合法院"为一体的智慧法院，初步实现了服务便捷化、审判智能化、执行高效化、公开常态化、管理科学化、决策精准化。

一、构建司法智库

建设成都法院司法智库大数据中心，一年完成司法智库一期建设，整合司法大数据，搭建审判管理分析平台；两年完成司法智库二期建设，引入司法外大数据，提升分析的精准度和远期；3～5年实现大数据的完全融合，充分发挥信息化工作在服务审判、服务决策等方面的智能化水平。

司法智库大数据中心将涉及案件的所有信息和法官的业务系统、系统日志、门禁记录等信息，公安、检察院、司法（含监狱）系统等信息，以及当事人的工商企业登记、个人信用等数据全部收集汇总、融合分析、集约使用，快速高效地挖掘和分析司法数据背后的应用价值。

二、构建智能法院

（1）司法办案支撑平台。审判执行信息化运行系统已经实现立案、办案、归档、查询的全面网上运行和诉讼档案的全面数字化，以及各类程序性法律文书的自动生成、电子印章的自动加盖和文书的批量打印。

（2）政务办公办会平台。行政事务运行系统已经实现行政事务网上办理、记载和行政业绩评价考核的网上自动生成，办文、办事、办会全面网络化运行。按照审判委员会、院长办公会、党组会流程和特点，开发会务软件，使会前准备、会务进行和会后文件的签发、传阅等程序全部通过网上流转，实现无纸化办会。

（3）司法管理运行平台。建立起点、线、面3个维度的双向网上"静默化"审判监督指导系统，是根据司法改革要求确定171项院庭长监督指导职责，确保管到位、不越权。建立成都法院视频云，搭建庭审自动评查和报警系统，对法官、诉讼参与人和旁听人员庭审中是否存在不按时开庭、非法离席、接打手机、着装不规范等行为进行实时巡查和自动记录，对哄闹法庭的行为自动报警。

三、构建网络法院

（1）建立全国首个"和合智解"e调解平台。打造互联网＋调解平台，同步建设与其衔接的线下调解空间，开启多方参与、多元化解纠纷的"O2O"调解新模式。

（2）建立司法公开平台。建成成都法院司法公开网，整合全市两级法院审判流程、裁判文书、执行信息、开庭视频四大公开平台，链接网上诉讼服务中心，覆盖推出官方微博、微信公众号、"阳光司法"APP客户端、"两微一端"新平台，实行多维立体"一站式"同步公开，满足不同层次群众对司法的获得感、参与度。建立司法公开质量内控系统，将当事人查询系统与案件流程管理系统和执行管理系统实时对接，将文书公开设为案件管理的必要节点，将随案查询密码附带情况纳入案件静默化管理评查，保证审判流程数据公开与裁判文书公开的及时准确。

四、构建融合法院

（1）建立普惠式诉讼服务平台。建立"线下"诉讼服务系统，实现当事人就近立案、递交诉讼材料和领取法律文书，形成半小时诉讼服务圈，实现全市跨行政区域的司法事务委托办理。建立"线上"网上诉讼服务中心，提供网上答疑、网上立案、网上案件查询、网上投诉、网上递交诉讼证据等便民服务。建立成都法院互联网司法拍卖专网，借力淘宝网电子商务纠纷证据材料自动收集功能。整合官方微博、微信"两微"平台和移动APP客户端，将诉讼服务由"网上"推及至"掌上"，形成诉讼服务联动格局。

（2）实现业务协同数据共享。建立法检信息共享平台，法院和检察院之间实现案件材料的适时传输、案件信息的相互共享、法律文书的网上送达。建立减刑假释案件办案平台和远程提讯、远程庭审系统，实现法院和监狱之间的信息共享。建立"三大审判"和执行办案的涉案款物管理系统，实现了公检法系统之间涉案款物的网上移交、网上处置和全程监管。

第二节　江苏省苏州市中级人民法院的实践

近年来，苏州中院推动落实上级法院信息化工作的部署要求，进一步完善智慧审判苏州模式，为促进审判体系和审判能力现代化提供更强的技术支撑。智慧审判苏州模式重点搭建了"5+3"个平台，已基本形成以"电子卷宗＋庭审语音+智能服务"为主要内容，覆盖诉讼全流程的智慧审判一体化集成解决方案。

（1）电子卷宗随案生成。重构诉讼材料收发流程，设立诉讼材料集中收发、扫描中心，统一外包委托专人负责，减轻了审判部门邮寄、扫描等事务性工作。拓展电子卷宗采集渠道，对集中扫描的电子卷宗进行数字化处理，将其变为可复制、可检索的电子卷宗，并实现立案、结案信息自动回填，程序性格式化文书自动生成。研发一键归档系统，结案后即可将选定的材料自动归入影像卷目录下，保证电子卷宗的完整性。

（2）庭审语音智能转写。深化人工智能和语音大数据在庭审中的应用，实现语音向文字的同步智能转换。在此基础上，再将语音识别技术的应用范围拓展至合议庭合议、审委会讨论、文书制作、日常办公等场景。

（3）电子质证随讲随翻。实现庭审过程中文档、图像、音频、视频等电子证据材料的实时调取、同步显示、电子举证和质证，缩短质证时间。实现证据实时调取，通过语音唤醒方式（触控唤醒方式作为备选），系统自动识别庭审中说话人的特定指令，准确检索到电子卷宗中相应的电子证据并实时调取并同步显示在各方显示屏。

（4）材料流转云柜互联。研发了全国法院首个"纸质文档智能管理云平台——云柜系统"，连接线下实体柜和线上虚拟柜，实现纸质诉讼材料经由云柜有序流转，构建全方位、数字化、高效率的纸质文档智能电子管理平台。

（5）文书制作左看右写。对经集中扫描的电子卷宗同步进行OCR识别，转化为可编辑、可检索的文件。通过分屏技术，搭建左看右写文书辅助制作系统，大幅减少了法官文字录入工作量，也对案件全部证据的运用情况起到提醒作用。

（6）案例文献自动推送。在办案系统嵌入案件裁判智能研判系统，识别不同案件特点，对起诉材料、庭审笔录等电子卷自动分析，对关键信息进行智能提取和对应关联，自动推送相类似的案例以及有关法律法规，提高了法官研判案情的针对性和实效性。

(7) 简易判决一键生成。探索建立简易裁判文书自动生成系统，特别是对数量多、案情相对简单的道路交通事故损害赔偿纠纷类案件，自动提取电子卷信息，并按照全市法院同类案件的审理规则和裁判尺度，自动生成裁判文书，在承办法官复核确认后，实现简单裁判文书快速生成，提高部分案件裁判文书的制作效率。

(8) 同案同判数据监测。探索搭建同案不同判预警系统，建立具体案件裁判模型，对于"同判度"较高的类案，若法官制作的裁判文书判决结果与之发生重大偏离，系统予以自动预警，方便院庭长行使审判监督管理职权。

第三节　深圳市中级人民法院的实践

近年来，深圳中院在全面推进智慧法院建设中，逐步实现审判权运行机制、队伍管理、司法政务等工作从传统向现代化方式的根本转变，取得了显著成效。

(1) 构建鹰眼执行综合平台，基本解决执行难。深圳中院全国首创的对网络查控、事务集约、速控管理"一网两台"深度融合和优化的工作平台，实现了批量网络查控财产、全要素生成程序性文书、一键识别繁案简案、自动推送节点通知、智能管理外勤事务、一键送达法律文书等功能，实现执行程序的全网络办理、全流程公开、全方位智能，为基本解决执行难工作提供强大技术支撑。

(2) 构建法库电子卷宗平台，提升审判质效。深圳中院按照《最高人民法院关于全面推进人民法院电子卷宗随案同步生成和深度应用的指导意见》要求，运用图像深度学习和条形码识别、文书智能生成技术，在全国率先实现了一次扫描、自动排序、智能归档，使全部扫描材料在案件办理过程中能够自动生成电子档案，并自动归入相应的目录，从而实现全面支持法官网上办案。注重科技创新，充分利用卷宗进行数据提取、信息抓取、自动回填、文书辅写、电子送达、节点监管等技术，实现电子卷宗深度应用，推进全程智能办案和精准审判管理。

（3）开发"巨鲸智平台"实现金融类案件全流程在线办理。作为全国领先的金融中心城市，深圳中院指导福田法院建立金融类案件全流程在线办理平台，主要适用于金融案件中的信用卡纠纷，实现了金融类案件从立案、审判、送达、执行等全流程在线办理。

（4）建成全国首个行政诉讼网络服务平台。深圳中院针对特定司法需求推出"法智云端"，依托政府专网实现法院系统与各级行政机关之间的行政案件数据互通互享，促进行政案件材料跨部门流转。"法智云端"作为全国首个行政诉讼网络服务平台，实现了行政诉讼当事人网上立案、查询案件信息、接受电子法律文书全流程网上进行。

第四节　吉林省延边朝鲜族自治州中级人民法院的实践

吉林法院在电子诉讼方面起步较早。延边中院在吉林高院的指导和帮助下，在2015年成立"吉林电子法院"并开展了有益的探索。

（1）明确工作核心，实现网上诉讼服务。延边州两级法院实现立案、缴费、阅卷、证据交换、开庭审判、执行、司法拍卖等诉讼程序全部在互联网上进行，尤其是将完善网上庭审工作作为电子法院建设的核心，在民商事案件审理过程中通过运用"吉林电子法院"系统中的"云会议"远程视频庭审功能实现网上庭审、网上调查、网上调解等，从而让诉讼当事人和律师享受到全程无纸化、全天24小时、全流程覆盖的网上诉讼服务，有效提高了诉讼活动效率，提升司法公信力。

（2）增加智能服务元素，全面服务群众。在实现网上诉讼服务的基础上，吉林电子法院增加了诉前引导风险评估、诉状自动生成和智能诉讼问答等功能，为当事人及时排忧解难，有效降低其诉讼成本，增加"阳光司法"的获得感。

（3）利用新技术，创新诉讼服务工作。考虑人民群众对手机等移动应用的使用，吉林电子法院将所有线上诉讼服务功能拓展至移动端，让当事人零门槛使用系统，了解案件办理动态，享受一站式服务。整合电子法院网站、电子法院手机 APP、电子法院公众号等多种渠道，实现线上实时参与诉讼全过程。吉林电子法院在诉服大厅提供了智能导诉机器人、诉状辅助生成一体机、诉讼风险评估一体机等各类服务终端，线下也能方便人民群众诉讼，多方面多角度地服务社会公众。

吉林高院派团专赴韩国考察电子法院，还对美、德、日等国的电子法院应用情况进行了专门研究，吉林电子法院在辖区内 9 家法院先后开通，取得显著成效。

第五节　设立智慧法院实践基地

2017 年 6 月 28 日，最高人民法院批准建设的全国第一家智慧法院实践基地即智慧海事法院（上海）实践基地正式挂牌成立，是"互联网＋海事审判"的新发展。

(1) 立足国际海事司法中心建设需要，收集全国海事案件信息及相关裁判文书，汇聚司法数据并深度应用，不仅为我国海事审判提供案例支撑，还为完善国家海洋法提供中国实践方案，不断提升中国海事司法的国际影响力和话语权。

(2) 分享信息化建设成果，加强信息化应用系统的对外接口和兼容性能建设，加强与当地海事部门、口岸单位之间的数据共享，形成互联互通、共享共治的协作互助新格局；创新司法便民利民举措，解决辖区内审判实践中的难点问题，促进海事司法服务转型升级，满足海商案件当事人的多元司法需求，共享信息化建设带来的便捷。

(3) 突出海事特色，充分利用好中国海事审判系统分平台、中国涉外商事海事审判网、海事审判内网工作平台等现有信息化建设成果，做好统一领导、统一规划、统一标准，形成可以推广至全国的海商审判信息化建设成果。

第六篇

中国智慧法院建设的展望与思考

目前,我国正处于社会转型升级的关键期、社会矛盾的凸显期,反映在司法层面就是人民日益增长的司法需求与人民法院工作发展不平衡、保障群众权益不充分之间的矛盾,尤其是案多人少的形势依然严峻。而智慧法院建设正是有效化解我国目前人民群众日益增长的司法需求和人民法院司法能力相对滞后之间矛盾的重要举措。智慧法院利用现代互联网技术、大数据技术、云计算技术和人工智能技术,科学利用、分配、优化和挖掘现有司法资源,提高审判水平和审判能力现代化水平。在此基础上,注重对司法案件背后海量大数据深加工处理,提升司法数据分析挖掘能力,充分发挥挖掘整合司法数据的价值,让司法数据说话,更好的服务法院领导决策、审判办案、司法调研、司法管理等各项工作。[①]

智慧法院建设代表着新时期人民法院信息化的发展方向,不仅是全国各级人民法院深化司法改革、精细管理审判、优化服务人民的重要途径,也是人群众共享信息化成果、科技红利的重要途径。因此,如何建设智慧法院,与法院工作人员、法律职业共同体及全体公民密切相关,尤其是摆在法律人面前的一个重要问题。本书将从以下几个方面进行展望和思考。

---

① 郭富民. 正确判断"智慧法院"的司法定位 [N]. 人民法院报,2017-08-10.

第十七章

智慧法院建设宏观层面需要注意的问题

智慧法院建设涉及法院建设的方方面面，如体制机制创新、信息资源共享、业务流程协同等，因此，要更好地开展好智慧法院建设必须明确指导思想、做好整体规划，建章立制明确权责，才能确保建设工作顺利开展。

第一节 智慧法院建设与整体规划

一、明确智慧法院建设的指导思想

（1）以习近平新时代中国特色社会主义思想为总指导思想。网络强国战略、数字中国建设、智慧社会发展对人民法院提出了更高的要求，人民法院需要瞄准信息技术发展前沿、紧跟司法改革进程，努力攻克关键技术，实现智慧法院创新发展新突破，这就需要先进的指导理念。习近平新时代中国特色社会主义思想是对马克思列宁主义、毛泽东思想、邓小平理论、"三个代表"重要思想、科学发展观的继承和发展，是马克思主义中国化的最新成果，是党和人民实践经验和集体智慧的结晶，是中国特色社会主义理论体系的重要组成部分，是全党全国人民为实现中华民族伟大复兴而奋斗的行动指南，更应是智慧法院建设的总指导思想和活的灵魂。要用习近平新时代中国特色社会主义思想武装头脑，把握时代特征，深刻把握党的十九大提出的新时代我国社会主要矛盾转化的新情况，切实转变思想理念，高度重视信息化建设的重要意义，推动智慧法院全面建设、深入应用。

（2）以最高人民法院总体规划精神为指导思想。最高人民法院先后出台了《人民法院信息化建设五年发展规划（2016—2020）》（法〔2016〕66号）和《人民法院信息化建设五年发展规划（2017—2021）》（法〔2017〕138号），用于指导全国智慧法院建设。总结上述两份文件，我们可以归纳出贯彻"创新、协调、绿色、开放、共享"发展理念，紧紧围绕全面依法治国战略部署，以促进审判体系和审判能力现代化为目标，坚持服务人民群众、服务审判执行、服务司法管理、服务廉洁司法的功能定位。下一步，最高人民法院要根据当前智慧建设进度不平衡、建设成效参差不齐的现状，要针对各地法院思想理念、地区差异、进度进展、发展态势等现状，进一步加大指导力度。

（3）以各地因地制宜的最佳实践为每个法院规划自身智慧法院建设的指导思想。各地法院要把智慧法院建设放到党和国家发展大局的角度来统一部署安排，结合当地经济社会发展水平和业务发展的实际需求，根据法院业务发展现状、目标、工作重心、案件特征及法院信息化的现状，制定切实可行的建设策略和技术方案，才能达到预期目标。智慧法院建设涉及法院信息基础设施、数据基础设施、共享服务平台、大数据分析、大数据决策等应用系统，每个法院都要做好智慧法院的规划，这样既能避免一窝蜂地上项目，又能避免原地踏步裹足不前。

二、明确智慧法院建设的发展方向

全国各级人民法院要紧密围绕全面建设智慧法院的工作目标，深化完善人民法院信息化3.0版,实现智慧审判、智慧执行、智慧服务、智慧管理、知识平台、智慧云网建设,推动智慧法院向全面智能化转型升级。

(1) 提升信息化发展规划指导能力。以全方位智能化服务为发展目标,不断总结梳理现有信息系统建设现状,完善法院信息系统总体规划方案,推动科技创新工作全面发展。

(2) 提升审判智能化能力。加强电子卷宗深度应用,不断完善研发具有新功能的智能审判系统,全方位提升审判智能化水平。

(3) 提升执行智能化能力。通过执行案件流程系统再造,利用GIS、区块链等技术实现执行智能化全面升级。

(4) 提升诉讼服务智能化水平。通过搭建中国移动微法院平台、整合诉讼服务系统,最大限度地方便当事人及律师参加诉讼,将智慧法院建设的成果惠及广大人民群众。

(5) 提升司法管理决策科学化水平。研发智能化组件、加强数据资源联合开发、办公平台融合管理,构建人民法院知识型数据生态模式。

(6) 提升全国法院智能化云服务水平。以云网一体化为核心,完成人民法院智慧云平台建设,研发人民法院智能语音云平台,实现全国法院全覆盖和功能实用化。

(7) 提升质效型运维体系水平。建立可视化运维监控管理平台,以信息化体系运行态势掌握为抓手,推进质效型运维体系在全国法院落地生根。

(8) 提升人民法院信息网络安全水平。通过法院专网网络安全专项整治工作,筑牢法院专网安全边界,构建重要业务系统安全防护体系,全方位保障人民法院信息网络安全。

三、明确智慧法院建设的工作重点

下一步,要以推动全方位智能化服务为重点促进智慧法院建设,具体要做好以下几方面的工作。

（1）做好工作部署。在深化完善人民法院信息化 3.0 版的过程中，以智能化为重点，坚持现代科技与司法规律深度融合，大力推进智审（智慧审判）、智执（智慧执行）、智服（智慧服务）、智管（智慧管理）建设，推动构建智慧法院审判运行新模式。

（2）对标查找差距。按照《人民法院第五个五年改革纲要（2019—2023）》的要求，明确下一步工作重点，对标已经发布的 85 项信息化标准规范信息化建设；对照《智慧法院建设评价报告（2018）》查找差距。

（3）做好规划设计。结合当地信息化建设及智慧法院建设的成果，分析在系统功能、系统交叉关系等方面的不足，开展智慧法院建设总体设计工作，明确技术发展路线，做好战略规划、项目预算、系统论证和系统研发工作，避免重复和盲目建设，打通信息孤岛和数据壁垒，形成可重用、可扩展的总体设计方案。

第二节　智慧法院建设与网络安全

习近平总书记指出，没有网络安全就没有国家安全，没有信息化就没有现代化。随着物联网、云计算、大数据时代的发展，信息安全是我们必须面对的重大问题。当前，我国网络安全形势十分严峻，传统的信息安全防御思路已经无法适应当前形势，信息安全已经融合入各产业链的各个环节，因此，人民法院在推进智慧法院建设的过程中一定要把网络安全摆在十分重要的位置持之以恒常抓不懈。

一、网络安全概述

网络安全是指网络系统的硬件、软件及其系统中的数据受到保护，不因偶然的或者恶意的原因而遭受破坏、更改、泄露，系统连续可靠正常运行，网络服务不中断。① 网络安全具有保密性、真实性、完整性、可用性、可控性、可审查性和未授权拷贝和所寄生系统的安全性。近年来，各国在互联网关键资源和网络空间国际规则方面的竞争尤为激烈，存在于工业控制系统、智能技术应用、云计算、大数据分析、移动支付等领域的网络安全成为影响各国发展的重要因素。黑客组织和网络恐怖组织对网络安全攻击日益增多，各国网络安全的形势更加严峻。

网络安全形势从1.0时代跨入2.0时代，网络安全已经成为一种公共事业，需要包括信息安全领域的研究机构、测评机构、IT服务商、信息安全服务商、平台服务商、信息安全专家、媒体等全行业联合应对。

二、人民法院在网络安全方面存在的问题

（1）对网络安全的重要性、严重性认识不够。互联网技术和自媒体蓬勃发展，人民法院也在推进无纸化办公，这些都对法院干警的网络安全保密意识提出了更高的要求。有的同志思想认识不到位，没有给予足够重视，有的为了应付组织检查存在侥幸心理，这都给网络安全保密工作增加了隐患。

（2）移动存储设备的滥用。将在外网电脑上使用过的各类计算机和移动设备接入内网等滥用移动存储设备的行为，会造成向内网传播病毒、泄露内网信息和机密文件等严重后果，不能为了一时的方便给不法分子打开方便之门。

（3）非法网站攻击。从网络拓扑结构看，我国因特网是接入美国因特网的一个分支，网络技术、网络资源和网络控制权均受制于人，网络技术的发展也落后于西方发达国家。② 法院信息化建设要立足内网，做好应对国内外不法分子利用互联网核心技术窃取审判秘密的准备。

---

① 万雅静. 计算机文化基础 [M]. 北京：机械工业出版社，2016.
② 陈健. 智慧法院建设要重视网络安全保密工作 [N]. 人民法院报，2017-08-02.

(4)制度建设缺位。网络安全和信息化建设作为一枚硬币的两个方面,需要同时谋划,统一部署。但从目前我国智慧法院建设过程看,过多倾向于信息化建设,而对网络安全的制度安排严重缺失。

三、智慧法院建设过程中如何做好网络安全工作

(1)切实提高保密意识。一是强化网络安全保密意识和保密常识的教育,筑牢思想防线。二是加强培训,定期组织网络安全知识培训,尤其是如何识别计算机病毒及网络遭受攻击的情况,禁止在内外网之间随意切换。

(2)加强安全体系建设。根据《人民法院信息安全保障总体建设方案》的要求,建立健全网络安全保障体系,一方面,对整个系统生命周期进行风险管理、应对和控制;另一方面,对全国各级人民法院信息化安全保障工作进行整体规划。一是明确非涉密网络重要信息系统的等级保护级别,规范涉密内网及涉密信息系统建设管理。二是落实信息系统等级保护、分级保护和电子政府内网相关标准要求,完善安全隔离交换平台,为应用系统跨网安全协同和数据高效共享提供安全保障。三是完善综合安全监管,在全网安全设备集中统一管理的基础上,做到安全态势感知、预警告警、应急处置。四是按照《统一身份认证技术要求》推动全国法院业务系统统一身份认证,强化法院系统内部管理。五是严格管理法院专网主机,主机和设备接入法院专网要进行审批,非授权主机和设备无法接入法院专网;法院专网主机不得违规外连、交叉使用U盘等移动存储介质。

(3)积极应对技术风险。一是基于单向光导技术的隔离交换传输平台实现法院专网与互联网、移动专网、外部专网及其他网络信息的交换。二是针对黑客攻击、平台故障、管理员失误或违规操作等情况,要建立有效可行的风险防范措施。运用科技手段可以在信息传送过程中采用信息加密技术,将信息转化为专门的数字语言,从而黑客截获该信息后无法破解其中内容。三是建立技术安全责任保障制度,将风险责任落实到具体的负责人、承办人,如将电子法庭

技术层面的保障和更新、电子法庭设备层面的维护和管理指定给某个技术人员。

（4）强化相关制度建设。一是建立与智慧法院建设相适应的管理机制，尤其是完善信息数据管理机制。二是厘清网络安全保密工作责任，明确责任部门，探索符合司法规律的管理模式。三是力求专网专用，法院专网与开放式互联网物理隔绝，司法工作人员可以放心在此平台进行数据交换、公文流转等。四是加大资金投入，做好基础设施建设。所有的平台操作行为全程留痕，防止管理员滥用权限进行违规操作或失误操作。

（5）着力打造专业队伍。一是大力引进信息技术人才，充实到法院队伍中，运用绩效激励等手段让人才留得住、用得好、有发展。二是加强对信息技术人才的法律知识培训，了解必要的法院审判和管理工程流程，培养既精通信息技术专业知识，又熟悉法院审判工作实践的复合型人才。三是通过外包或者招聘合同制人员进行普通的维护等事务性工作，技术人员可以摆脱繁杂的事务性工作，从而主攻网络安全保密工作。

四、智慧法院网络安全建设中需要重点关注的问题

在智慧法院建设过程中，有关网络安全保障工作需要重点关注以下 3 个问题。

1. 有关云安全的问题

云计算属于分布式计算，是通过网络云将巨大的数据计算处理程序分解为无数个小程序，通过多部服务器组成的系统对小程序进行处理和分析得到结果并返回给用户。[1] 云计算是以互联网为中心，在网站上提供快速且安全的云计算服务和数据存储，让每一个使用互联网的人都可以使用网络上的庞大计算资源与数据中心。[2] 云计算具有虚拟化技术、动态可扩展、按需部署、灵活性高、可靠性高、性价比高、可扩展性强的优势和特点，但也具有隐私被窃取、资源被冒用、

---

[1] 许子明，田杨锋．云计算的发展历史及其应用 [J]．信息记录材料，2018，19（8）：19-24．
[2] 罗晓慧．浅谈云计算的发展 [J]．电子世界，2019（8）：23-27．

易受黑客攻击、易出现病毒的风险。目前，云计算技术已经应用为存储云、医疗云、金融云、教育云。

（1）云计算虚拟化存在的问题：网络和信息系统的边界不确定，信息所有人会有信息存在在哪、谁在帮我保管及处理的担忧；同一物理空间虚拟给了不同用户使用，使攻击者有可能成为被攻击者的邻居，攻击变得更容易也更隐蔽。

（2）云计算多用户跨域共享存在的问题：很难和用户之间建立管理信任关系，难以实施授权和访问控制，难以对恶意软件进行防控、处理和清除。

（3）云计算超强计算能力存在的问题：用户信息被获取但自己全不知情；用户信息被转移但自己全不知情；此类情况下的计算结果，用户的信任度和接受度不高。

（4）云计算数据与外包服务存在的问题：信息由第三方管理的安全性存疑；隐私容易被泄露，代码容易被盗；系统"罢工"带来巨大的风险。

2. 高度关注密码技术在信息网络中的核心作用

目前，我国信息网络安全研究主要集中于防火墙、安全路由器、安全网关、黑客入侵检测、系统脆弱性扫描软件等，但忽视了对密码技术（密码学）的研究。密码技术是信息安全的重要议题，是关于保护电脑和网络安全的技术，核心在于认证和访问控制。在建立法院内部专网或涉密网的过程中，可以重点研究密码技术，加强身份认证和信息保护。

（1）在身份认证与鉴别时，通过密码技术实现访问控制。常见的身份认证的方式有四种：用户名（账号）+口令、用户名+动态口令、用户名+口令+手机和身份证书。前三种都是先说明"我是谁"，再进行证明，而身份证书具有密码保护功能，通过对称密钥体制、非对称密钥体制，基于证书和标识进行身份认证，实现了信息真实性鉴别、防抵赖和信息保密。建议建立统一身份认证系统，实现统一的组织机构人员信息汇聚、管理、共享和身份认证、单点登录等信任服务体系。针对服务器、数据库和重要业务系统账号弱口令问题，加强账号使用情况分析，并对异常使用及时发现和定位，确保重要应用系统和数据安全。

(2) 在信息真实性鉴别方面，通过数字签名防止信息被伪造。数字签名（公钥数字签名）通过采用非对称密码技术和数字摘要技术，保证数字通信中各类信息的真实性，并提供原始或未修改文档的证明，防止电子交易中的不诚信行为。数字签名可以识别签名人、表明签名人对内容的认可，是现代认证技术的重要形式。

(3) 在防止信息被篡改方面，通过电子公章防止抵赖。通过先进的电子印章技术模拟传统实物印章，按照传统实物印章的习惯和体验进行管理使用，加盖电子公章的电子文件与加盖实物印章的纸质文件具有相同的外观、有效性和相似的使用方式。在《电子签名法》颁布后，电子印章技术得到了长足发展。一般来说，一个实物印章只对应一个电子印章，且该电子印章是存储在可移动介质上，通过数字纸张技术加盖到指定电子文件上。

(4) 信息内容加密方面，重视保护敏感信息和机密信息。信息可以分为涉密信息和非涉密信息。其中，非涉密信息按照信息系统登记保护标准可以分为一级、二级、三级、四级和五级。第一级信息是指信息系统被破坏后，对公民、法人和其他组织的合法权益造成损害；第二级信息是指信息系统被破坏后，不仅对公民、法人和其他组织的合法权益造成严重损害，还会对社会秩序、公共利益造成损害；第三级信息是指信息系统被破坏后，不仅对社会公共秩序和公共利益造成严重损害，也会损害国家安全；第四级信息是指信息系统被破坏后，会对公共利益、社会秩序和国家安全造成严重损害；第五级信息是指信息系统被破坏后，会对国家安全造成特别严重的损害。涉密信息根据《中华人民共和国保守国家秘密法》的规定，第九条："下列涉及国家安全和利益的事项，泄露后可能损害国家在政治、经济、国防、外交等领域的安全和利益的，应当确定为国家秘密：①国家事务重大决策中的秘密事项；②国防建设和武装力量活动中的秘密事项；③外交和外事活动中的秘密事项以及对外承担保密义务的秘密事项；④国民经济和社会发展中的秘密事项；⑤科学技术中的秘密事项；

⑥维护国家安全活动和追查刑事犯罪中的秘密事项；⑦经国家保密行政管理部门确定的其他秘密事项。政党的秘密事项中符合前款规定的，属于国家秘密。"第十条："国家秘密的密级分为绝密、机密、秘密三级。绝密级国家秘密是最重要的国家秘密，泄露会使国家安全和利益遭受特别严重的损害；机密级国家秘密是重要的国家秘密，泄露会使国家安全和利益遭受严重的损害；秘密级国家秘密是一般的国家秘密，泄露会使国家安全和利益遭受损害。"

（5）在虚拟专网建设过程中，构建安全域。虚拟专用网络是通过在公用网络上建立专用网络，进行加密通信，在企业网络中有着广泛的应用。虚拟专网可以实现远程员工或商务合伙人通过移动端利用本地可用的高速宽带网连接到指定企业网络，但企业不能直接控制基于互联网的虚拟专网是可靠的、符合性能要求的。因此，人民法院在使用虚拟专网的过程中，为了安全管理需要，需要进行安全域划分。首先将所有相同安全等级、相同安全需求的计算机划入同一网段，然后在网段边界采用防火墙部署进行访问控制，允许数据从低安全等级的域流入高安全等级的域，反之则受到严格控制，有利于保障用户网络数据安全。建议重要业务系统独立安全域，通过防火墙或网关等边界控制设备阻断应用系统之间非正常业务访问。

3.国家信息安全和信息化建设的司法应对

（1）占领宣传高地净化网络内容。各级人民法院深入贯彻落实中共中央办公厅、国务院办公厅印发的《关于实施网络内容建设工程的意见》要求，坚持正确政治方向、舆论导向和价值取向，把网络内容建设工作摆在重要的位置来抓。要借助各大媒体，运用人民法院各类媒体，加强法院网络出版和网上普法工作，推动人民法院优秀网络内容尤其智慧法院建设成果传播，讲好中国法治故事，传播中国法治声音。

（2）完善相关法律法规。目前，关于信息安全方面的法律法规严重不足，已经严重制约了智慧法庭的发展。人民法院要积极参与网络治理法律法规的制定，并按照互联网发展要求建立适应网络特点的规范化司法执法体系。

(3)加强涉互联网案件的审理。依法惩治电信网络诈骗、网络盗窃、侵犯个人隐私等新型违法犯罪活动；加强网络知识产权司法保护，激发各类市场主体创新活力。

(4)完善体制机制建设。强化我国在网络空间治理领域的国际话语权和规则制定权。例如，智慧法院建设中自主创新成果的知识产权保护，应进一步明确合作研发成果的知识产权权利归属及权益分配，加强知识产权管理和法律风险评估。再如，数据隐私安全保护，尤其是在执行查控、信用惩戒等方面的个人隐私信息保护，既要在技术上确保设置访问权限，又要在管理上防止人为泄露甚至牟利出售。对于存在违规操作、违法违纪行为的法院工作人员或入侵黑客，应当加大打击力度，绝不姑息纵容。

第三节　人工智能介入司法审判的路径分析

随着技术的创新进步，社会角色的配置体系、社会系统的组织构成、制度安排和相应认知和价值判断也会有相应的改变，人工智能的发展亦然。人工智能在司法审判中的应用过程实质上是法学专业知识形成的专业权力和科学技术知识形成的技术权力之间的冲突和融合的过程。人工智能的发展是一把双刃剑，对现有的国家治理方式、法律制度和社会范式创新带来了挑战和机遇，也带了不可预测的风险和发展。因此，智慧法院建设要高度关注人工智能的介入，调和技术话语和专业话语，明确技术权力介入法学专业权力的范围、限度和场景，从而对智慧法院的建设起到促进作用。

一、以人工智能和司法审判的深度融合为基础和发展方向

智慧法院建设过程中出现了技术与专业之间的紧张关系，主要体现在3个方面：一是科学技术在进入到司法时仍然坚持固有的技术概念，未针对法院专业知识做兼容性升级，如作为大数据基础技术的自然语言识别技术（NLP）

在司法领域运用中，通用的分词方法和词联想无法完全适应司法领域的专业需求①。二是大数据和人工智能技术只是在司法审判的宏观层面进行运用，而在具体领域的运用方式研究不多。例如，对司法管理中需要运用何种大数据和人工智能技术、需要解决的问题、有哪些可以选择的技术路径缺乏细致深入的论证。三是已经开发的应用和系统对法官办案提供智能辅助的能力不强，有的甚至加重了法官的工作负担。

因此，要实现人工智能和司法审判的深度融合，通用的大数据与人工智能技术必须结合法学的特性及司法审判的需要进行兼容性升级，来满足司法审判对前沿科学技术专业性和精准性的要求。例如，在自然语言识别与知识图谱等核心技术的适用中不仅要嵌入法学专业规则和专业词库，还要进一步嵌入专业的法学理论知识和审判经验总结，这样才能免于流于一般化的通用技术、信息技术和审判业务两张皮的现象发生。在智慧法院建设的过程中要将人工智能和信息化建设放置到审判体系和审判能力现代建设的时代需求中去，保障技术和法律结合方案的科学性、专业性、实用性。

二、规范人工智能介入司法审判的边界

科学技术并非是中立的，具有利他性、整合性、竞争性和可操作性。我们利用利他性和整合性为司法审判提供技术加速的同时，要高度关注竞争性与可操作性带给司法的一些问题。科学技术发展不仅只是简单提供更好的生存环境或者生活质量，更是预留了科技奴役、工业事故等巨大风险，从而使其成为现代社会风险的主要来源之一。②

因此，在智慧法院的建设过程中要高度关注高科技和技术进入本身带有的不确定性和科学技术研究日益突破法律限制，引导人工智能合理、有序、适当

---

① 王禄生. 大数据与人工智能司法应用的话语冲突及其理论解读[J]. 法学论坛，2018（5）：17-24.
② 宋远升. 技术主义司法改革与法治现代化[M]. 上海：上海人民出版社，2017.

地介入到司法审判过程中。具体要做好以下几个方面的工作。

(1) 司法审判要保守地引入技术创新,即在技术成熟、试行并充分评估技术影响后再进入司法审判当中。由于司法大数据与人工智能技术的应用结果具有不确定性,司法领域不能成为大数据与人工智能技术的试点,智慧法院建设的过程要以审慎的态度选择成熟的大数据与人工技术应用,避免为了求奇求新求政绩而造成社会风险。尤其是表现在基础建设方面,要加强数据资源的存储、计算、畅通和共享,尽量避免重复进入建机房、购买服务器、增加带宽等的老路,通过构建专有云、开放云和涉密云,甚至加入地方建设的政务云,依靠成熟的云计算和数据交换平台的建设打通数据接口问题。

(2) 人工智能需要维护司法权的独立权威。人工智能的应用要避免突破司法权的运行规律和固有属性,保证技术应用服务于审判执行工作。人工智能介入司法管理时如何处理好与司法责任制之间的关系、防止对案件承办人的过多干预,是每个法院在信息化建设过程中必须要考量的问题,通过人工智能与审判执行的良性互动实现"由审理者裁判、由裁判者负责"。人工智能的价值在审判辅助,通过办案智能辅助系统给司法权的运行提供了便利,如司法资源智能检索、类案检索系统的价值在于帮助法官便捷查找到审判参考资料;庭审语音职能识别系统在于减轻或替代书记员记录;裁判文书辅助制作、智能分析功能减少了裁判文书的差错率,提高裁判文书质量。[1]但这些人工智能的应用为的是法院可以更加公正高效地行使司法权。

(3) 充分尊重法官的主体地位。人工智能在司法审判中的广泛应用不会影响法官的主体地位,只是为法官提供了好的办案助手和工具。人工智能永远不能取代法官。一是人工智能具有局限性。人工智能欠缺了法律职业活动必不可少的要素,价值观、道德感、情感、审时度势的创造能力、联系实际的工作作风。[2]二是审判工作具有系统性。智能化办案辅助系统只是通过大数据分析为法

---

[1] 程雷. 在改革发展中推进智慧法院建设 [N]. 人民法院报,2017-07-10.
[2] 张新宝. 把握法律人工智能的机遇 迎接法律人工智能的挑战 [N]. 法制日报,2017-06-28.

官判案提供更多可供参考的意见,而并非是替法官下决策。审判过程中涉及判断、取舍和裁决的区域仍由法官掌握,每个裁判结果的形成是多名法官采信证据、查清事实和理解条文的综合判断过程,融入了不同法官的人生阅历、知识体系、逻辑结构等因素,人工智能无法实现所有诉讼活动。三是法官具有职业性和经验性。法官作为中立的裁判者,手握善良公正之术,是公平正义的符号代表,运用技艺和智慧,通过依法裁判纠纷向社会传达司法公正和权威,修复被破坏的社会秩序,这是法官的职业特征。[①] 审判是实践性的法庭技术操作过程,也是复杂的逻辑思维活动过程,有赖于常年的法律浸入和理性实践。

(4) 明确人工智能定位于法官辅助办案工具。中央政法委书记孟建柱明确指出,人工智能的定位是人的工具。因此,人工智能在司法审判中的作用就是法官的工具,具有辅助的功能。具体体现在设定人工智能的有所为和有所不为。有所为是人工智能可以根据案件类型收集相关证据,搜索卷宗并提取有效证据内容,依据逻辑规则对相关联证据进行排列、分析和对比;有所不为是法官最终判断证据的真伪、取舍和关联性。人工智能可以帮助法官克服认识的局限性和主观随意性,但无法替代法官的亲历性、经验理性和对案件主观能动性的判断。此外,人工智能还可以辅助审判管理。通过设置不同的平台和系统,对法官办理案件的每个环节、节点进行规范化管控,并进行预警和廉政风险提醒,实现对每个案件的实时及时管理,对每位法官的工作绩效进行全面掌握。但是,需要重点指出的是要关注人类惰性对人工智能的过分依赖,避免出现"现代法官是自动售货机,投进去的是诉状和诉讼费,吐出来的是判决和从法典上抄下来的理由"的情形。

目前,我国人工智能介入司法领域的过程是从上到下、从易到难、从点到面、从环节到系统,并搭建技术人员与资深法官交流开发平台的渐变路径,是现实可行并取得成效的。

[①] 潘庸鲁. 人工智能介入司法领域的价值与定位 [J]. 探索与争鸣, 2017 (10): 34–37.

三、明确人工智能工作失误的归责制度

关于人工智能的法律人格，理论界的争论很大。为了妥善解决人工智能的担责问题，国外实务界将人工智能定义为产品，以产品侵权责任的承担方式来解决人工智能责任承担的问题。2015年，联合国教科文组织与世界科学知识与技术伦理委员会的报告对智能机器的损害责任承担问题进行了探讨，认为机器人造成的伤害很大一部分被归责于机器人制造者和零售商的"过失""产品警告的缺失""没有尽到合理的义务"[1]。

但是这种依照过错原则寻找侵权行为主体，确认责任人的方式，在智慧法院人工智能工作失误中无法适用。因为司法工作的失误责任与一般民商事侵权责任不同，损害的是社会主义法治的权威和法院工作的公益性。司法工作不同于普通的民商事行为，人工智能引起的司法工作失误必须要承担保护社会公共利益的责任。故建议适用过错推定原则，由使用人工智能的司法工作者优先承担责任。原因如下：一方面，相较于软件开发者和设备制造者而言，司法工作者与公共利益的联系最为密切，也是将人工智能成果与公共利益联结的最直接纽带，司法工作者对公共利益的影响最大、最直接；另一方面，司法工作者在使用人工智能时还负有监督审核义务，一旦人工智能办理的司法工作出现失误，司法工作者有责任于第一时间进行纠正[2]。按照过错推定原则，若司法工作者不能在第一时间证明工作失误是技术开发商或设备制造者造成的，那司法工作者优先承担责任；若司法工作者优先承担责任后，发现存在上述情况的，可根据实际情况由司法机关向技术开发者或设备制造者进行追偿。

---

[1] 腾讯研究院. 人工智能各国战略解读：联合国人工智能政策报告[N]. 电信网技术，2017（2）：17-24.
[2] 程凡卿. 我国司法人工智能建设的问题与应对[J]. 东方法学，2018（3）：17-24.

四、明确人工智能的法律规制

（1）扩大法律规制的范围。世界各国的法律体系依据的传统具象化乃至拟人化思维方式，只是将有形的智能化机器或"机器人"纳入规制范围。但人工智能的表现方式有很多，有形的机器（"人造劳动者"）只是一种，此外，还有"合成智能"，由算法、网络和大数据组成的无形、无界的存在，这是人工智能的根本，也是5G的发展方向，但目前世界各国对此的法律规定几乎为空白。

（2）更新互联网时代法律理念。百度公司创始人兼CEO李彦宏等曾指出："人工智能技术可能不只是理工科专业人士的领域，法律人士及其他治理者也需要学习人工智能知识，这对法律人士和其他治理者提出了技术要求。法治管理需要嵌入生产环节，如对算法处理的数据或生产性资源进行管理，防止造成消极后果。"因此，人工智能时代，法律规制的设计及理念，不仅需要法律人的参与，更需要程序员、人工智能专家的参与，吸收更多的人工智能人才参与立法、行政和司法工作，从而让算法进入法律，法律进入算法，实现人工智能的基础操作系统"经济基础"符合人类的伦理和法律这种"上层建筑"，打造"人工智能社会的宪法"。

（3）借鉴国外人工智能立法最佳实践。

①德国的实践。德国对《道路交通法》修改后允许高度自动化和完全自动化的汽车作为交通工具上路，但同时规定司机在行车过程中必须保持足够的警觉，以便在系统发出请求时恢复人工控制。高度或完全自动化汽车必须安装记录驾驶过程的黑匣子，黑匣子信息必须保存半年。若自动驾驶过程中发生事故，由汽车制造商承担责任。若自动驾驶系统发出过请求人工控制的信号，则由汽车驾驶者承担责任。

②欧盟的实践。欧洲议会建议制定民事规范来限制机器人的生产和市场流通。在向欧盟委员会提交的报告中载明，"从长远来看要创设机器人的特殊法律地位，以确保至少最复杂的自动化机器人可以被确认为享有电子人（Electronic persons）的法律地位，有责任弥补自己所造成的任何损害，并且可能在机器人做出自主决策或以其他方式与第三人独立交往的案件中适用电子人格（Electronic personality）。"但未提交落实机器人"法律人格"后带来的民事行为能力和责任能力规则。

③美国的实践。2017年9月，美国众议院通过《自动驾驶法》，明确了联邦与各州在规制自动驾驶汽车方面的责任，规定了交通部的具体职责，如确立自动驾驶汽车硬件安全标准、网络安全标准、公众知情标准。同时强化了隐私权保护，确保自动驾驶汽车的车主或使用者在不知情的情况下就被制造商或程序设计者使用个人数据和隐私。

从现有的各国立法模式来看，欧盟和德国直接修改民事规则和交通法规的做法，需要进一步规范的问题比较多，与现行法律的兼容性不够。相较而言，美国的处理方式比较缓和，在未改变现有的道路交通规则和与事故责任相关的侵权法规则的前提下，用宪法和行政法的思维方式，赋予政府部门以确立相关的行业技术标准、安全标准和个人数据保护标准的行政职责，综合人工智能所涉及的行业发展需要与公共利益、个人权利保护原则进行考量，指定相关规则及行政程序。

•••• 第十八章

智慧法院建设在提升诉讼服务水平层面需要注意的问题

智慧法院建设不单是为了法院自身的发展，更是为了满足人民群众多元司法需求。全国各级人民法院要通过信息化手段打造线上线下相结合、形式多样、快速便捷的智慧诉讼服务，不断提高诉讼服务水平，不断满足人民群众日益增长的美好生活需要。

第一节 智慧法院建设中提升诉讼服务功能的发展方向

提升智慧法院的诉讼服务智能化水平，应从统一思想、发展技术、规范管理、集约共享、广泛宣传、客观评价等6个方面做好相关工作。

（1）统一思想。智慧诉讼服务的基本要素可以分解为智慧、诉讼、服务3个方面：智慧即以人工智能技术为支撑，诉讼则是体现司法运行规律，服务要坚持以人民为中心的发展思想，满足人民群众多元司法需求。3个基本要素形成三足鼎立的关系，即三者同等重要，缺一不可，所以我们在建设智慧法院的过程中要重点做好诉讼服务中心建设，形成以人工智能为依托的多元化、立体化诉讼服务中心建设，实现立案、分调裁审、保全、鉴定、评估、送达、司法救助、信访接待等多项功能联动,从而做到线上与线下诉讼服务并行不悖、对外智慧诉讼服务与对内智慧诉讼服务同步推进。

(2) 发展技术。智慧诉讼服务中心的建设过程中要始终坚持以满足用户体验为导向,尤其是满足当事人的需求方便当事人进行诉讼。首先,技术的运用要重点考虑老少边穷地区的诉讼当事人,他们的计算机水平、互联网应用能力与智慧法院的建设有一定脱节,我们必须提供类似于"傻瓜手机"的应用,让智慧法院接地气。其次,人工智能的飞速发展要求智慧法院的建设过程要结合大数据基本特征、自然语义、法律语义处理(NLP)先进技术、计算机深度学习等技术特点,从而对诉讼服务的功能进行人工智能化和法律专业化设计,让智慧法院建设有技术高度。再次,智慧诉讼服务的过程中还要重视人工智能技术与司法规律的协调,重点审查引进人工智能技术服务诉讼是否符合审判权运行规律和人民群众的司法需求,让智慧法院建设凸显其法律特征。

(3) 规范管理。当前,随着网络信息技术高速发展,网络信息安全问题日益突出,智慧法院建设过程中要高度关注网络安全问题。其中,诉讼服务网建设是重中之重。诉讼服务网是和当事人联系最紧密的网站,一旦信息泄露或者被攻击引发的损失和社会影响都是最大的,这是建立线上诉讼服务面临的重大考验。因此,在强化服务功能的同时更要注重维护保密信息安全,不仅要对智慧诉讼服务技术开发和维护公司加强监管,还要探索建立统一的智慧诉讼服务中心管理机构,从而实现规范管理。

(4) 集约共享。由于完善智慧诉讼服务的成本较高,所以各地法院智慧法院建设参差不齐,经济不发达的地区要进行智慧法院建设有些捉襟见肘。在智慧诉讼服务方面,为了避免盲目跟风、不切实际的建设泛滥,一般来说,在省级层面已经建立线上诉讼服务平台的,就无必要建立中基层法院的线上诉讼服务平台;各中基层法院可根据案件情况、地域特点等自身法院建设情况合理引进线下诉讼服务的硬件,避免为蹭热点、应付检查而引进功能重复的技术设备,造成浪费。同时要注重资源共享,尤其是法院系统之间、与相关单位之间信息资源共享，尤其是与综治机构合作与数据共享，从而实现业务的协同与集成创新。

(5) 广泛宣传。要高度关注在推广智慧诉讼服务过程中出现群众不知也不会用诉讼服务智慧硬件的情况，深入调研其诉讼需要；要改变很多群众甚至律师并不习惯网上立案，而更倾向于传统的现场立案方式，觉得现场立案方式更踏实的观念。这说明加大宣传力度是一件迫在眉睫的事情。加大对诉讼服务智慧硬件的宣传力度，让老百姓熟悉网上立案操作流程，了解网上立案与现实立案方式具有同等效力，充分认识诉讼服务智慧硬件的便利价值，提高人民群众对智慧法院建设的接受度和认可度。

(6) 客观评价。目前最高人民法院先后印发了《智慧法院建设评价指标体系（2017年版）》（法〔2017〕355号）、《最高人民法院关于开展2017年全国智慧法院建设评价工作的通知》（法〔2017〕361号）和《最高人民院关于印发〈智慧法院建设评价报告（2017年）〉的通知》（法〔2018〕104号），对智慧法院建设进行了详尽的评估，构建了一套完整的智慧法院建设评价指标体系，其中就有关于智慧诉讼服务的评价指标。智慧诉讼服务不仅要通过数据进行评价，还要重视用户体验，根据诉讼当事人的反馈不断进行技术更新。新的尝试不可避免会遇到新问题、遇到新的挑战，我们不能仅仅机械依靠上述评价指标，而是要时刻关注用户体验，重视用户评价，这样才能真正服务于人民群众。

第二节　构建现代化诉讼服务体系建设

坚持用信息化手段推动诉讼服务水平提升，体现线上与线下相结合、形式多样、快速便捷的特点，满足人民群众日益增长的美好生活需求。构建现代化诉讼服务体系建设，需要重点做好以下3个方面工作。

一、建设诉讼服务指导中心信息平台

诉讼服务指导中心信息平台首先实现诉讼全程服务纵向贯通，通过联通上

级法院和辖区内各级法院，诉讼服务信息互通有利于上级法院对下级法院的指导和联动；其次实现诉讼全程服务的横向贯通，诉讼服务信息的数据汇聚，强化了司法大数据智能分析和监测预警；最后诉讼服务指导中心信息平台不断强化应用融合，促进诉讼全程服务，有利于构建流程全贯通、业务全覆盖、机制无缝衔接的诉讼服务体系。

二、完善整合平台系统、实现诉讼服务中心转型升级

持续扩大司法平台建设和整合力度，完善人民法院调解平台的线上多元纠纷化解功能；完善"分裁审"信息子系统、司法鉴定子系统、12368质效评估子系统，支撑诉讼服务升级。整合集成诉讼服务大厅、诉讼服务网、12368热线，提供一站式电子诉讼服务，让诉讼活动更加透明，诉讼结果更加可预期，司法公正看得见、能评价、受监督。

三、推动电子诉讼服务向移动端发展

电子诉讼是人民法院构建现代化诉讼服务体系的重点工作，也是互联网法院的重要表现形式。各级法院要按照《网上诉讼服务应用技术要求》，适用标准化模块完善电子诉讼平台。尤其是要打造全国法院送达平台，与邮政11185、三大运营商和支付宝等网站平台对接，实现全国法院的统一电子送达、邮寄送达和公告送达平台。

结合移动互联时代特点，依托我国在移动购物、移动支付和共享经济中的飞速发展，重点打造世界领先的移动电子诉讼体系。目前，全国各级法院中国移动微法院的实践很多，最高人民法院要做好持续组织优化完善工作，扩展实现跨域立案功能。12个试点地区法院要进一步做好移动微法院分平台建设，未试点地区法院应开通应用移动微法院网上立案和跨域立案功能，实现诉讼服务功能跨区域远程办理、跨层级联动办理。探索互联网统一身份认证平台，用微

信通知取代短信通知。

电子诉讼作为司法便民的重要举措，下面对其涉及的相关问题进行深入探讨，为推动智慧法院建设打下坚实的理论基础。

第三节 智慧法院建设与电子诉讼

互联网法院的诉讼本质是通过提供便捷、高效的诉讼产品，不断满足当事人的诉讼预期。互联网法院的诉讼外在表现是电子诉讼。电子诉讼是当事人、律师、法官在网上进行全部诉讼活动的方式，将信息通信技术、人工智能等现代化高新科技与司法审判业务相融合，有利于提高司法质效、改善群众的诉讼服务体验、树立司法权威。各级法院在电子诉讼和电子法院建设过程中，全面探索、专项推进、重点突破，取得了一定成效。

一、电子诉讼存在的问题

在前面篇章中，已经对电子诉讼存在的问题进行了探讨。下面的部分主要针对电子诉讼尤其是民事电子诉讼在推广和适用过程中存在重建设、轻应用的问题进行阐述，主要表现在以下3个方面。

①用户体验效果不佳。各级法院投入巨大成本进行全网络诉讼平台搭建和电子案卷随案生成前期设备、技术推进，但用户体验及反馈不佳，法院干警和诉讼当事人都有类似的感受。例如，立案部门反映智审系统运行慢，从诉状扫描上传到引入仍需要花费很长时间，业务庭室的案件承办人抱怨案卷扫描增加其工作量。当事人抱怨道，有些地方的网上立案只是起到预约立案功能，仅对当事人信息进行简单键入，当事人仍需带着纸质诉状到法院排队立案。除此之外，线上与线下诉讼方式的频繁转换造成当事人与法院的重复劳动，使电子诉讼产生形式上便利与实质上负重的矛盾。[①]

[①] 黄晓霞. 推进电子诉讼创新　助力智慧法院建设[N]. 人民法院报，2018-08-14.

②法理基础薄弱。现行的民事诉讼法中对诉讼规则的规定是基于传统纠纷解决模式做出的,适用于双方当事人亲自到法院开展起诉、应诉活动的诉讼模式,因此,对电子诉讼的规则鲜有涉及,如网上诉讼启动方式、当事人身份确认、电子送达、证据认定等。电子诉讼具有无纸化、虚拟化的特征,目前与之相关的法律规定为数不多,如《最高人民法院关于适用〈中华人民共和国民事诉讼法〉的解释》第一百三十六条,"受送达人同意采用电子方式送达的,应当在送达地址确认书中予以确认"。该条规定,以到达对方系统为送达完成,缺乏有效的送达回执。若信息系统受到硬件设备、系统病毒或人为干扰等原因,未能正确及时接受信息是可能存在的。因此,电子信息技术虽然已经比较成熟和完善,采用电子送达方式仍具有一定的风险,法院依法释明,向受送达人进行充分的说明和提示,受送达人对送达中可能存在的技术性问题有所了解并愿意承担风险。第二百五十九条,"当事人双方可就开庭方式向人民法院提出申请,由人民法院决定是否准许。经当事人双方同意,可以采用视听传输技术等方式开庭。"针对适用简易程序审理的案件及小额诉讼程序审理的案件,一般具有事实较为清楚、权利义务较为明确、争议不大的特点,当事人即使不到庭也能查清案件事实、分清对错,故可以视听传输技术等方式开庭。该司法解释是为了解决司法实践中经常出现的问题,即若当事人经常居住地不在受理法院所在地,如到受理法院参加开庭,在诉讼过程中要支出的交通费用、食宿费用、误工费用有可能会超过诉讼标的金额。从诉讼成本角度考虑,当事人要么选择不起诉,要么选择不应诉。于是,视听传输技术开庭方式成为了势在必行的选择。但运用视听传输技术等方式开庭也具有一定问题,这种诉讼形式与直接言辞规则是否相符,进而造成当事人程序利益的减损,如一方或双方无法亲自到庭存在当事人身份核实的问题;若存在技术故障导致当事人无法完整表达其意见,辩论权无法得到充分保护。所以现行的民事诉讼法给了当事人的程序选择权,即经过双方当事人的同意后人民法院可以采用视听传输技术进行开庭,同时还有"等"字做出了一个非封闭式列举的兜底规定,为了进一步适应人工智能大潮下开庭

方式的不断革新。

③真实性和安全性存在一定风险。相对于传统诉讼方式下，法庭是客观存在的当事人必须亲自到庭参加诉讼，诉讼参与人的身份信息可以不断进行反复核验，真实性是可以保障的。但是在虚拟空间中，电子诉讼打破了诉讼的时间和空间限制，当事人的身份信息无法进行反复核验，互联网媒介远程操作参与人与诉讼当事人是否为同一人，这种诉讼过程由亲历性向非亲历性的转变无疑增加了诉讼参与人真实性与同一性的风险，同时也存在信息泄露等安全性风险，这样人民群众对电子诉讼的接受度不高，更倾向于通过实体诉讼解决问题。

二、完善电子诉讼的建议

（一）指导思想

电子诉讼程序既是信息系统又是沟通系统，这种诉讼外在程序和载体的改变必然涉及对信息系统和沟通系统的实质性改变和创新，建立电子诉讼的正当程序，因此电子诉讼要按照"冲突事实的真实回复、执法者中立的立场、对冲突主体合法愿望的尊重"的理念，寻求司法效率与当事人程序利益的最佳平衡点，人工智能应用后既要提高审判管理效率，又要维护司法审判公平正义。

在对外方面，人民法院在大力推广电子诉讼的过程中要特别注意尊重当事人的自主选择权尤其是程序选择权，针对弱势群体尤其是不掌握基本计算机水平的当事人，增加电子诉讼方面的法律援助。在对内方面，人民法院在审判过程中应避免人工智能的滥用，在线行使释明权，引导当事人参与到电子诉讼中来，平衡当事人的在线攻击和防御能力。

（二）完善涉网诉讼规则，丰富诉讼制度

作为诉讼程序新形态，电子诉讼与传统诉讼的原则、规则存在着不兼容的情况。因此，人民法院必须认真调研人工智能对司法审判的影响，尤其是重新

反思、调整、定义诉讼原则，不断完善涉网诉讼规则。涉网诉讼规则要以与现行诉讼法的相关制度有效衔接作为合法性基础，以制度张力容纳信息时代。

(1) 明确电子诉讼与实体诉讼具有同等法律效力，界定电子诉讼的适用情形，加强电子诉讼便捷公正的宣传力度，赢得老百姓对电子诉讼权威性和安全性的认可。

(2) 健全诉讼规则，探索适用于电子诉讼全过程的专门诉讼规则。例如，对直接言词原则、审判公开原则等诉讼原则进行扩大解释，鼓励简易程序、小额财产类案件优先适用电子诉讼程序等。下面对电子送达、举证责任进行重点论述。

1. 电子送达

送达时当事人程序参与权的保障是法院对外进行信息沟通的重要途径。电子送达可以借助电子卷宗和电子流程管理机制简化程序进程管理，不断提高诉讼程序的质量。互联网平台的送达要尊重当事人的意愿，具有即时性的特点，具体媒介是能够确认其收悉的方式即可，送达范围排除了判决书、裁定和调解书。

部分互联网法院在进行电子送达的过程中实行了被告关联和推定送达，"如有证据证明被告已上网查阅了法院发送的相关诉讼材料，但未按规定关联案件，视为已经完成送达"，这样将电子诉讼的送达率明显提升。还规定了平台诉讼中的诉讼地址确认，当事人可以通过诉讼平台相应页面确认电子地址。还规定了第三方当事人约定的作用，"诉前双方签定协议或通过纠纷关联平台注册对司法阶段电子送达作了特别约定的，从其约定"。

上述创新都是智慧法院在电子诉讼方面的创新和探索中取得的一定成效。电子送达是当事人与法院双向交互的过程，电子送达是法院职权行为，可以具有一定的强制性。下一步，要以电子传递发展和现状为依据，平衡好送达的强制性和尊重诉权的处分性之间的关系，不断修正互联网诉讼的送达方式。建议成立全国性的电子送达平台，整合互联网法院的电子送达与省级高院的部分案件电子送达，按照《人民法院信息化建设五年发展规划（2016—2020）》的要求，在深化完善人民法院信息化3.0版的基础上构建全国性的电子送达平台。建议互联网诉讼平台建成后，不仅要与人民法院四大信息化平台对接，还可以与其他电子平台联通对接，实现统一联动。建议将电子送达的成果深度运用转化，与传统诉讼程序进行对接，提高诉讼的效率与质量。

2. 举证方式的变化

电子诉讼中当事人通过在线提交证据，除涉及物证（要求当事人在庭审前邮寄提交）外，其他证据可以由当事人拍照、扫描或将电子证据等上传至诉讼平台，当事人完成网上举证。庭审过程中，在线展示给各方当事人，当事人进行网上质证。电子诉讼过程中，证据方面还存在以下问题。

（1）明确线上诉讼中的证据形式。目前，中国大陆法系、英美法系国家和地区，均为将电子数据作为法定的证据种类。中国民事诉讼法、行政诉讼法、刑事诉讼法的证据法定种类设定，将电子数据列为单独一类，与书证并列归入证据种类范畴。合同法将电子数据界定为广义的书证，电子签名法则划定为一种特殊的书证。《最高人民法院关于适用〈中华人民共和国民事诉讼法〉的解释》第一百一十六条专门规定了视听资料和电子数据的区别："视听资料包括录音资料和影像资料。电子数据是指通过电子邮件、电子数据交换、网上聊天记录、博客、微博客、手机短信、电子签名、域名等形成或者存储在电子介质中的信息。存储在电子介质中的录音资料和影像资料，适用电子数据的规定。"而电子文件（通过信息化系统提供的电子文档、电子证据、电子音视频材料等）提法更是模糊了法定证据种类的界限。面对上述纷杂的规定，需要明确电子诉讼证据形式及种类，特别是包括电子数据和视听资料在内的电子文件证明规则。

（2）举证责任分配较为混乱。在电商消费案件中，网上生成的阶段数据都是由本地电商平台的端口推送过来，那么由法院依职权责令电商平台提供，是否属于举证责任分配规律的调整，那证据的真实性、关联性和合法性如何进行审查？还有法院与电信服务商合作后可以通过手机号掌握当事人很多个人信息，自动检索、资产反差、弹屏信息，在执行工作和送达工作中都有很多运用，但是由此引发了大量的数据安全与司法公信力问题。

（3）电子诉讼的法律关系表现形式多样。一种法律关系是不改变各类商事交易的法律性质、仅将交易从线下转移到线上产生的新的社会关系，新的社会关系为各类商事交易所共有且不在现有法律的调整范围内，如网上购物的法律性质为买卖合同，但意思表示的工具由纸面文件变成了电子文档；在使用自营平台或第三方平台的过程中，合同一方的意思表示为计算机程序所替代；对当事人的认证方式由手写签字变成了以数字签名为代表的电子认证方式，数字签名技术产生了认证机构；远程交易催生了数字平台。[1]另一种法律关系是现有法律规范可以调整的，如互联网行业和传统行业的相互渗透，形成新的业务模式，但并不是新的法律关系；还有电子商务的出现扩大了合同法、版权法、消费者权益保护法等法律调整对象的保护形式。[2]

综上，建议加强对上述问题的调查研究，在厘清法律关系的基础上界定证据种类和分配举证责任，以适应信息化技术的进步和互联网法院的发展。

（三）推进电子诉讼的便捷、安全及共享

一是要建设电子诉讼平台及系统应以简便易操作为原则，实现针对不同类型的案件和不同需求的当事人的技术设计，提供差异化司法服务，满足当事人的多元诉讼需求。二是要做好当事人身份信息的识别。加强智能审判系统的安全性能管理，通过指纹识别、人脸识别等技术的运用实现诉讼参与人的在线身份识别和确认，放心参加在线诉讼活动，让老百姓认同接受电子诉讼。三是要建立一体化纠纷解决平台，诉讼、调解和仲裁等在线互联互通，将在线调解与在线立案、司法确认、审判等有效衔接，实现社会矛盾的多元化解。

---

[1] 刘颖.我国电子商务法调整的社会关系范围[J].中国法学，2018（4）：34-36.
[2] 洪冬英.司法如何面向"互联网+"与人工智能等技术革新[J].法律实务（法学），2018（11）：34-39.

◉●··· 第十九章

智慧法院建设在实际运行中需要注意的问题

各级人民法院在智慧法院建设的过程中要以基本解决执行难、多元纠纷化解等工作为着力点和突破口,实现人民法院信息化水平的跨越式发展。

第一节 智慧法院建设与基本解决执行难

2016年3月,最高人民法院发出"用两到三年时间基本解决执行难问题"的冲锋号,信息化是破解执行难的重要支撑和关键手段。智慧法院的建设要深入推进信息化与执行工作深度融合,探索符合时代要求的执行工作模式,坚持走执行信息化之路。

一、智慧法院助力"基本解决执行难"取得的成效

智慧法院建设将服务和助力基本解决执行难作为首要任务,全力推进信息化与执行工作深入融合,实现执行模式改革,破解查人找物的传统执行难题;实现执行体制改革,让改革成果更多惠及执行当事人;实现执行管理改革,严

格规范执行行为。具体表现在以下几个方面：一是完成执行案件流程管理系统升级改造，提升执行法官办案效率；二是完成执行管理平台升级优化，为执行决策、分析提供重要支撑；三是执行案件关联功能研发上线，实现同一当事人全国执行案件关联管理；四是执行评估系统上线运行，实现当事人网上议价、定向询价、网络询价和委托评估；五是扩大执行查控系统查控范围进一步扩大，加强与银行机构的协同；六是进一步落实执行指挥中心的视频对接，实现了对接执行指挥中心终端在线和使用状态的实时感知、视频随点随通改造执行公开网。

二、提升执行工作智能化水平的工作方向

人民法院做好执行工作，要坚持以信息化建设为抓手，着力强化执行规范化建设和专业化建设，促进执行体制机制创新，努力实现执行工作各个领域的深刻变革。

(1) 推进阳光执行体系建设。以执行指挥中心综合管理平台为核心，以执行办案系统和执行公开系统为两翼，以网络查控、评估拍卖、信用惩戒、执行委托等执行办案辅助系统为子系统的执行信息化系统。完善四级法院统一的执行办案系统，通过信息化手段推进执行规范化，执行指挥中心、执行案件流程管理系统实现全国贯通、全程留痕、全程可视，强化执行作风和廉政建设，综合治理消极执行、推延执行、选择执行和乱执行。

(2) 健全网络执行查控体系，贯彻失信被执行人信用监督、警示和惩戒机制，完善"一处失信、处处受限"的信用惩戒大格局。确保查控系统信息反馈的及时、准确和一致，并对反馈结果进行智能分析，形成辅助法官确定财产查控方向和措施的财产反馈清单和线索图。建设完善执行财产询价评估系统，推进询价评估系统与全国性评估行业协会系统对接，体现权威性和监督性。

(3) 推广和创新网上办案模式，提高执行工作效率。依托移动微法院应用，

实现执行案件网上立案、执行节点自动公开、执行线索网上举报、执行现场图片视频等信息回传等。按照《最高人民法院关于远程视频办理执行案件若干问题的规定》要求，明确法院执行机构办理执行案件中可以采用远程视频方式的事项，规范执行案件办理过程中远程视频技术的应用，创新司法便民措施，提高执行工作效率。着力加强网络司法拍卖系统建设，按照《最高人民法院关于加强和规范人民法院网络司法拍卖工作的意见》要求，实现司法拍卖的标准化、规范化、透明化，严格依法办事，规范委托拍卖和法院自主拍卖行为，自觉接受各方面的监督，方便人民群众和审判工作的进行。

第二节 智慧法院建设与多元纠纷机制

深入推进多元纠纷化解机制改革，是人民法院深化司法改革、促进社会公平正义、及时满足人民群众多元司法需求的重要举措。按照中共中央办公厅、国务院办公厅《关于完善矛盾纠纷多元化解机制的意见》要求，人民法院进一步深化多元化纠纷解决机制改革、完善诉讼与非诉讼相衔接的纠纷解决机制。按照《最高人民法院关于人民法院进一步深化多元化纠纷解决机制改革》要求，创新在线纠纷解决方式，推广现代信息技术在多元化纠纷解决机制中的运用，促进多元化纠纷解决机制的信息化发展。

一、司法大数据与多元纠纷机制

周强院长指出，各级法院要以智慧法院为目标，充分利用人民法院丰富的案例资源，加强数据分析等系统的开发和运用，服务人民群众多元司法需求。大数据不仅在智能审判、审判管理、司法统计、法官业绩考评、社会管理数据共享、社会风险防控等方面发挥着越来越重要的作用，还让更多的社会机构共同参与打造数据交流交换平台，共用资源进行深度计算，实现司法大数据"校准器"、"晴雨表"、"方向标"和"指南针"作用。

司法大数据在构建多元纠纷化解机制过程中的作用：一是能够准确分析类案特点，为多元化解机制找到重点和突破口；二是能够深入揭开纠纷根源和成因，找到深层次的社会原因和背景，建议相关部门积极介入社会治理；三是能够为多元纠纷解决机制资源配置提供参考，为科学合理设定机构、选定场所、设置人员、配套技术提供技术建议。

二、智慧法院建设在多元纠纷机制中的发展方向

智慧法院建设过程中要注意把智能化的特点体现在社会纠纷多元化化解之中，实现社会治理精准分析、精准治理、精准服务、精准反馈。

一是智能化社会治理架构。要建立智能化、多元化网络，根据社会纠纷的特点，智能匹配最适宜解决纠纷的政府组织、司法组织、行业组织、社会组织和人员，纠纷处理者具有处理相应纠纷的能力和经验，实现社会纠纷快速化解。二是全方位智能法律咨询。根据大数据分析结果提前预测社会纠纷并有针对性地做好疏导，若疏导不成执意诉讼的话可以提供法律知识普及和咨询，引导人民群众利用法律保护他们的合法权益。同时，提供法院对此类纠纷处理结果的智能预测服务，让当事人建立合理的心理预期，引导当事人理性选择纠纷化解方式。三是建立社会纠纷智能分析和预测体系。要做好多元纠纷化解机制的评估，尤其是对治理参与组织和人员进行智能审核、智能管理和智能评价，促进社会纠纷的治理规范化、科学化。

目前，根据"互联网＋"战略要求，在道路交通、劳动争议、医疗卫生、消费者权益保护等纠纷多发领域，人民法院要加强与行政机关、人民调解组织、行业调解组织的协同合作，搭建"一站式"纠纷解决服务平台。在此基础上，推广现代化信息技术，通过在线调解、立案、司法确认、审判、电子送达的实践，实现案件预判、信息共享、资源整合、数据分析等功能。

下面以全国部分地区道路交通事故损害赔偿纠纷"网上数据一体化处理"平台为例进行详细的阐述。

三、信息化在多元纠纷机制的适用

道路交通纠纷网上一体化处理平台横向打破了不同部门之间的资源和信息壁垒，纵向无缝衔接纠纷处理的各环节，体现了信息化在纠纷化解中的巨大优势。

（1）信息化在化解矛盾纠纷方面的优势。一是道交纠纷网上一体化处理平台实现公检法司、行业协会、鉴定机构、保险企业之间的信息共享；二是道交纠纷网上一体化处理平台全环节全程在线、全程留痕，当事人实时查看、监督，实现纠纷处理的公开透明；三是道交纠纷网上一体化处理平台内嵌入了理赔计算器，标准统一化后有效引导当事人赔偿预期，促进纠纷快速化解；四是道交纠纷网上一体化处理平台实现了业务全流程在线、数据信息一体化使用、裁判文书自动生成，便捷智能的处理方式实现了"让数据多跑路、让群众少跑腿"。

（2）加强配套政策支持促进信息化技术的适用。最高人民法院结合道交纠纷网上一体化处理平台试点法院取得的成功经验和全国法院道交纠纷处理的实际情况，制定了《道交纠纷"网上数据一体化处理"业务规范指引》和《道交纠纷"网上数据一体化处理"技术规范指引》，并与相关部委协商指定通用的业务和技术规范，规范和引导信息化技术的适用。

（3）注重成果应用推进社会治理创新。各级法院在化解纠纷、分清是非、定分止争的基础上，要根据当地实际情况，总结分析纠纷解决过程中的责任认定、调解、鉴定、理赔等实践中的重点、难点问题，充分利用一体化处理平台形成的大数据资源，将信息化成果深化转化，及时向相关部门发出司法建议，对包括道路交通在内的社会治安形势进行分析研判，为当地社会治理积极建言献策。

第三节　智慧法院建设与 5G 技术

第五代移动通信技术（简称 5G 或 5G 技术）是最新一代的蜂窝移动通信技术，具有高数据速率、减少延迟、节省能源、降低成本、提高系统容量和大规模设备连接的强大性能。5G 时代网络的特点主要表现在：峰值速率可以满足高清视频、虚拟现实等大数据量传输；空中接口时延水平可以满足自动驾驶、远程医疗等实时应用；超大网络容量可以满足物联网通信；系统协同化、智能化水平提升[①]。5G 实现了移动通信从以技术为中心逐步向以用户为中心的转变。

2018 年年底，工信部许可三大电信运营商在全国开展 5G 移动通信系统试验，2019 年年初，5G 作为下一代无线网络成为国际消费电子展上的最大焦点。5G 不仅会对我们的生活带来巨大的改变，还会推进智慧法院建设，具有深远影响。

一、5G 技术对智慧法院建设的积极作用

（1）5G 技术为智慧法院增速。5G 网络传输速率超过 10 Gbps，人民法院内外数据存储交换速度将有大幅提升，各个数据孤岛之间架起高速互通桥梁，全面提升智慧法院的司法办案速率。5G 网络下支持的系统将集成更多的功能，司法大数据深度应用更加便捷。

（2）5G 技术更新司法服务模式。5G 技术使智慧法院的虚拟助手成为可能，虚拟助手以虚拟人像的方式多平台、多地点从事司法服务。虚拟助手将司法服务模式从人工化转为无人化，将司法服务由工作日服务提升为全天候服务，全面提升司法服务的水平和效能，变革司法服务的模式[②]。

（3）5G 技术推广互联网审判方式。目前网络庭审的普及受到网络速度和硬件限制，而 5G 技术将解决庭审传输迟延问题，使得在线庭审有了技术保障。在裸眼 3D、全息投影技术的支持下的 5G 网络实现了对真实庭审的高度仿真，在

---

① 杨凌，高楠 .5G 移动通信关键技术及应用趋势 [J]. 电信技术，2017（5）：14-21.
② 彭云翔 .5G 网络与智慧法院建设相融合的展望 [N]. 人民法院报，2019-08-15.

线庭审成为当事人愿意接受的诉讼方式而得到进一步普及。

（4）5G 技术促进执行工作到位。5G 技术使便携终端全面取代执法记录仪，具备通信、拍摄、检索、识别、投影等多项功能，实现执行干警在外执行数据的实时沟通。同时还可以发挥数据查询、人脸识别等多项功能，对被执行人进行行踪、财产进行锁定并及时控制。

二、5G 技术与智慧法院的融合——5G 智慧法院的实践

5G 智慧法院本质是法院的物联网化，能够有效保存主张、辩论及决定的复杂性，充分利用包括画像、影像在内的各种大数据进行推理和判断，实现了实时对话能够在远距离多地同步进行，大幅节约纠纷解决成本、提高执法和司法的精密度。[①]2019 年 3 月 1 日，广州互联网法院进行了全球首场 5G 远程庭审，这是与广州联通共同打造的 5G 技术与智慧法院的首次融合。4 月 2 日，广州中院与广州联通签署《广州 5G 智慧法院建设战略合作协议》，作为双方第一个合作项目的"广州 5G 智慧法院联合实验室"也于同日揭牌成立，标志着全国首个 5G 智慧法院正式启动。双方战略合作包括 5G 智慧法院联合实验室、未来诉讼服务中心、智慧法庭、智慧执行、5G + VR 超清直播等 8 个项目，利用广州中院 5G 技术先发优势，推动实现远程庭审超清无延时、外出执行实时远程指挥、AR 智能安保等功能，智慧法院建设取得跨越式发展。

5 月 28 日，广州互联网法院发布全国首个 5G 智慧司法便民终端"e 法亭"。e 法亭集合了 5G 网络通信系统、智能灯光引导系统、智能语音系统、智能门禁系统，当事人需通过"证件 + 指纹 + 人脸"三重认证才能进入。"e 法亭"具备为当事人提供自助存证、自助立案、查询案件信息、批量打印文书、参与在线庭审与调解等多项服务功能，保障诉讼参与人处于安静无干扰和相对封闭的庭审环境。

---

① 季卫东. 技术与网络：5G 影响社会法治的双重维度 [J]. 探索与争鸣，2019（9）：17–24.

此外，北京互联网法院以一位女性法官为原型，研发了全球首位 AI 虚拟法官，实时在线为当事人提供诉讼服务。AI 法官通过提炼常见问题及答案，并针对当事人提问的关键词读取定位进行有针对性的回答，协助真人法官完成线上诉讼接待等前端重复性基础工作，有助于为当事人提供浸入式体验，增加服务的亲和力和真实感。

三、5G 技术下智慧法院建设需要注意的问题

这只是 5G 时代智慧法院的一个缩影，5G 时代人工智能越来越人性化。面对日新月异的科技发展，在 5G 技术下智慧法院建设应当如何应对，尤其是应对人工智能对法律职业工作者的冲击，这是摆在人民法院面前的一个问题。

首先，摈弃机器思维，明确人工智能的辅助地位。5G 时代，人工智能在人造劳动者领域飞速发展，执行各类劳动任务的虚拟人掌握着合成智能，虚拟 AI 法官能否替代法官成为讨论的热点问题。因此，在智慧法院建设过程中要警惕人工智能技术工具理性的"铁箍"，明确人工智能的辅助地位。司法审判不仅是理性逻辑的推理，还有人性和情理的融合。法官也不是单纯的"法律的自动售货机"，而是通过个人阅历、审判经验、社会舆论等各个因素分析而做出的判决。5G 时代的人工智能不是直通天庭的巴比伦塔，5G 技术也改变不了人工智能的辅助地位。

其次，做好甄别分析，适用 5G 技术要适度。5G 技术虽好，但是其适用也要遵循司法规律和法院司法工作现状。智慧法院建设要激发司法工作人员的积极性，避免出现法院被算法支配、完全像自助终端一样处理案件的情形。智慧法院建设的目的是将科技和司法相结合，共同服务于法院干警和人民群众。智慧法院建设必须符合司法规律，5G 智慧法院就是要把现代法治体制的运转规则转换为程序性算法，形成一套规则嵌入的制度运行系统。因此，5G 技术在运用前需要对法院司法工作现状及需求进行深入调研，掌握裁判情况，在审慎司法

的前提和基础上主动拥抱新一轮科技革命。

最后，认真统筹安排，整合既有信息化成果。硬件方面，5G技术对现有智慧法院基础设施提出了新的要求，在基础设施更新换代的过程中要注意整合既有信息化建设成果，对现有资源、系统、APP进行整合更新升级，尽可能降低建设成本，避免反复建设、一拆了之，以集约化、集成化适应5G时代的要求。软件方面，5G技术的出现和应用对既定的社会规范、法律规则及社会秩序将产生巨大的冲击和挑战，需要法律做出积极反应。5G技术的司法适用要纳入智慧法院建设法治化进程，5G技术的发展和应用要纳入法律调整甚至掌握的范畴。总之，人工智能技术的发展和应用需要法律规制，法律规制需要作为保障公平正义最后一道防线的司法做出精准反应，即人工智能的法治化需要与时俱进和智能化的司法予以配套和保障。①

第四节　智慧法院建设与宣传交流

近年来，中国法院信息化建设已经走在世界前列，达到了网络覆盖最全、数据存量最大、业务支持最多、公开力度最强、协同范围最广、智能服务最新，为信息时代的世界法治文明提供了中国方案、贡献了中国智慧。因此，我们要做好智慧法院的宣传和交流工作，让中国智慧法院建设被人民群众认可并走出国门、惠及全世界。

一、做好国内宣传

智慧法院建设已经写入国家信息化建设发展规划，智慧法院建设成果受到社会各界的高度关注。人民法院要做好智慧法院的宣传工作，营造人人知晓智慧法院建设带来的诉讼便利、支持共享智慧法院建设的社会氛围。

---

① 邓恒.人工智能技术研发与智慧法院建设[N].人民法院报，2018-03-02.

一是构建法院宣传体系。各级人民法院守好宣传阵地、拓宽宣传渠道、提升宣传层次，发挥好网络、期刊、微信公众号的作用，宣传智慧法院建设的成果尤其是带给诉讼当事人的便利。二是用好传统宣传方式。建成国内一流的人民法院全媒体新闻发布厅，不仅通过法院系统的报纸、期刊和自媒体做好宣传工作，还在人民日报、新华社、人民网等近百家主流媒体对智慧法院进行深入报道。最高人民法院联合中国社会科学院法学研究所、社会科学文献出版社召开《法治蓝皮书中国法院信息化发展报告（2018）》新闻发布会，积极宣传全国智慧法院建设成果。三是把握好宣传时机。深度参与首届数字中国峰会电子政务论坛，编制《中国电子政务年鉴（2017）》，构建法院信息化成果库及素材库，通过多种形式在不同会议场合都积极宣传全国智慧法院建设成果。

二、加强国际交流

目前，世界多极化、经济全球化、文化多样化、社会信息化已经成为国际社会的发展方向，互联网在人类文明进步发挥的作用越来越大，运用大数据提升司法水平，已经成为国际司法界的普遍共识和选择，也为"智慧法院"建设提供动力。但是世界各国由于社会制度、文化背景不同，各国司法机关在工作职能、体制机制上也各有特点，但推动审判体系和审判能力现代化、世界法治文明进步、捍卫社会公平正义是各国法院的共同追求。因此，中国法院高度重视国际间法院信息化的合作与交流，营造智慧法院建设的良好国际环境。

1. 加强国际交流的必要性

互联网的无国界、无边界性要求世界各国必须共同携手构建网络空间命运共同体，才能利用好、发展好、治理好互联网。目前，互联网在各国司法系统中都有不同形式的体现，无论是称为智慧法院还是电子法院、智能法院，都是法院信息化的重要表现形式。各国不断深化网络空间国际合作，积极推动建立保障信息网络安全的国际法治体系，推进法院信息化进程，取得了显著成效，值得我国借鉴。

联合国开发计划署通过搭建沟通平台为中国及参与智慧法院建设的国家提供全球网络、建立战略性合作伙伴关系。为此，联合国系统驻华协调员、联合国开发计划署驻华代表罗世礼先生（Nicholas Rosellini）曾就司法公开、智慧法院建设和环境司法的合作拜访过周强院长，就联合国如何帮助最高人民法院使用互联网和大数据，更好地实现互联网推动司法体系发展进行了深入的探讨。

英国设立了英格兰和威尔士网络法院，线上法院的设立是由法官来驱动的一场改革，主要包括3个方面：一是重新评估，对法官和法庭工作人员的有效使用、司法质量和使用信息技术的情况进行根本性的评估；二是数字改革，数字案件系统在线上对线下的数字进行完整地复制和使用，提高案件的处理速度，降低司法服务成本，在线系统避免了传统上司法管理和司法服务的不必要成本，律师和公众可以在线提交信息，更加经济有效，还可以通过虚拟化的数字在线听证改变面对面的听证方式，但推进技术的应用主要是由法院院长来指导的；三是赋权给更多的民众，不剥夺少数群体使用司法体系的权利，按照英国法律体系要求，法院考虑少数群体的利益需要与其进行沟通，计算机使用和网络使用的普及，使得在线沟通成为可能，让少数群体具有更大的话语权。

韩国利用互联网技术推进诉讼创新。建立网络系统为国内各个级别的法庭提供相关的服务，由主要的数据中心、镜像中心、备份中心，架构在全国范围内的超高速互联网上运作。作为一个门户或者是一站式的工作平台，全国法院的工作人员都可以登录该网站来开展工作。釜山地方法院的网络具有强大的功能：实时管理、自动更新法院所有职员合同、语音识别、充分利用电子法院的各种设备、各部门在线网络、利用在线地图服务中的街景、多任务群组讨论、多元化主题专题讲座等。釜山地方法院推行在线通信网络项目，通过使用智能手机应用"Evernote"、利用"YouTube"等方式与公众沟通交流司法管辖与司法管理等方面的诸多问题、与内外人士分享法院审判长的决策依据。

新加坡的电子诉讼普及面比较广，所有新加坡的居民、永久居民及获得法律服务许可证的律所都可以使用，让不同用户在立案和法律文件使用方面更加集成、整合和高效。法院重点做好远程服务和电子化服务，当事人无论身处何地都可以在线进行立案、听证等诉讼行为。法院通过向所有法律机构普及同一套整合的系统，实现所有的案件管理系统在法院和其他的法律机构可以同时使用，有利于打通各个社会层级，对案件进行全流程、全过程的综合管理。

2. 加强国际交流的多种形式

（1）通过国际性会议传播智慧法院建设成果。成功举办智慧法院建设国际研讨会、第二届东盟大法官论坛、丝绸之路（敦煌）司法合作国际论坛、第三届世界互联网大会，主要交流介绍信息化和智慧法院建设；协助支持中国与葡萄牙语国家最人民高法院院长会议、第十三次上海合作组织成员国最高人民法院院长会议、中国－中东欧国家最高人民法院院长会议，搭建了法院信息化交流的国际平台，进一步提升中国法院的国际影响力。

（2）通过"走出去"传播智慧法院建设成果。近年来，人民法院在国内外广泛开展电子政务交流，充分交流和学习不同行业、不同国家信息化建设经验。组织法院代表团出访，欧洲、美洲、大洋洲等地的国家，学习法院信息化建设的先进经验和做法。

（3）通过"请进来"传播智慧法院建设成果。邀请美国、英国、新加坡等国家法院同行来我国进行授课交流、参观我国智慧法院建设成果；建成中国－东盟国家法官交流培训基地、中国－中亚西亚国家法官交流培训基地、中国与葡萄牙语国家司法交流合作基地；同时多国司法机关高度关注中国法院信息化建设主动前来交流、学习，彰显了中国智慧法院建设的影响力和中国特色社会主义司法制度的巨大优越性。

3. 加强国际交流的显著成效

2016年11月，第三届世界互联网大会智慧法院暨网络法治论坛在浙江乌镇举办，最高人民法院院长周强及多国最高人民法院的院长或大法官出席会议并签订《乌镇共识》，声明"与会代表认为，在法院信息化和网络空间法治化领域建立并巩固持续性的国际司法交流与合作确有必要，为此达成以下共识：一、各国法院均高度重视并顺应网络空间法治化进程和需要，共同致力于打击网络犯罪，积极研究并妥善处理与网络有关的新类型案件，推动全球网络空间法治化；二、司法信息化的基本宗旨是保障人民权利与提升人民福祉，各国均应高度重视信息技术对法院工作的推动作用，致力于进一步扩大信息技术在法院工作中的应用，使法院工作更为透明、高效，更好践行司法为民，让公众获得更为便捷高效、惠而不费的司法服务；三、司法公开是促进司法公正、提升司法水平的一种基本手段，各国将进一步注重利用互联网技术，不断扩大司法公开范围，拓展司法公开途径；同时要注重保护个人信息，持续增进司法的透明度和公信力；四、诉讼服务是践行司法为民、提升司法公信力，满足社会公众多元化司法需求的重要举措，各国将更加注重利用信息技术，扩展诉讼服务内容，创新诉讼服务措施，增强服务公众的司法能力；五、信息技术是促进法院提升工作质效的有效途径，各国将在司法审判、司法管理和司法决策中积极运用包括大数据和人工智能在内的新技术，以提高司法效能，降低管理成本；六、各国将致力于不断拓展和深化彼此在法院信息化和网络空间法治化领域的交流与合作，加强彼此在利用信息技术推进司法公开、诉讼服务、案件审判、法院管理和案例研究等方面的经验交流和成果分享，促进建立更加常态化的各国法院信息化工作交流与合作机制。"[1] 同时最高人民法院也积极筹备了包括中国－中东欧国家最高人民法院院长会、智慧法院论坛等在内的国际性会议，为与会各国，相互交流，取长补短，共同进步。

2017年6月，第二届中国－东盟大法官论坛在广西南宁举行，中国与东盟国家及南亚国家法院建立并巩固持续性的交流与合作，尤其是各国法院高度重视和顺应信息化时代的发展趋势和司法需求，采用信息技术手段高效处理案件纠纷、确保司法公正，提高司法服务的能力与水平。

习近平总书记指出，国际社会日益成为一个你中有我、我中有你的"命运

---

[1] 中国法院网．第三届世界互联网大会智慧法院暨网络法治论坛乌镇共识（2016-11-21）[2019-12-17].https://www.chinacourt.org/article/detail/2016/11/id/2352002.shtml.

共同体",面对世界经济的复杂形势和全球性问题,任何国家都不可能独善其身,在信息化应对领域亦然。世界各国的最高人民法院信息技术部门之间正在达成广泛共识、拓展合作领域、加强信息化建设尤其是智慧法院建设的交流与合作,协力应对各种挑战,提升全世界司法现代化水平。

三、促进科技创新

习近平总书记指出,"核心技术是国之重器,要下定决心、保持恒心、找准重心,加速推动信息领域核心技术突破"。坚定不移贯彻新发展理念,用科技创新、科技发展解决智慧法院建设的关键性问题。因此,做好智慧法院的宣传工作,既要宣传人民法院信息化应用成果,又要宣传人民法院走科技创新之路的决心,把宣传智慧法院和吸引高新科技人才相结合,为人民法院网信事业发展提供动力源泉。

(1)通过监督、评审等形式达到既宣传成绩又吸引人才的目的。成立人民法院科技创新专家组,督促和监督人民法院各项科技创新项目的进展;邀请第三方对智慧法院建设成果进行评估,智慧法院建设过程阳光化的结果不仅让人民群众更加了解信息化在司法中应用的成果,而且让高新科技人才认识到技术应用上存在的问题,并加以改进。

(2)初步搭建智慧法院实验室联试环境。按照《最高人民法院智慧法院重点实验室暂行管理办法》要求,组织建设智慧法院实验室,按照规划智慧法院实验室二期工程建成后,将具备系统展示、体验、研发等功能,发挥实验室在科技创新、系统集成、学术交流、技术合作、宣传展示等方面的能力。

(3)建立人才、制度、平台一体化协同科研环境。举办首届"中国法研"杯司法人工智能挑战赛,由科研院所、高校、高新科技企业、法院多方参与,通过比赛的形式既宣传了人民法院信息化建设的成果又提升了人工智能理解法律文书与定量分析案件的能力,提升了科技创新的集成应用能力,搭建产学研用一体化交流平台的同时,又达到了宣传智慧法院建设成果的目的。

参考文献

[1] 万雅静. 计算机文化基础 [M]. 北京：机械工业出版社，2016.

[2] 宋远升. 技术主义司法改革与法治现代化 [M]. 上海：上海人民出版社，2017.

[3] 邓恒. 互联网、人工智能与司法制度 [R]// 如何理解智慧法院与互联网法院. 中国应用法学系列研究报告，2016.

[4] House of lord. AI in the UK：ready, willing and able?[R/OL]. (2018-06-06) [2019-11-07]. https:publications.parliament.uk/pa/ld201719/ldselect/ldai/100/100.pdf.

[5] 中国科协创新战略研究院. 创新研究报告 [R/OL]. (2016-02-03) [2019-11-27]. www.doc888.com/P-9169627624942.html.

[6] 人工智能技术战略委员会. 人工智能技术战略 [R]. (2019-09-03) [2019-11-19]. https://mp.weixin.99.com15?58C=118 & timestmap=1589446807 & rer=2377.

[7] 乔健，姚琨. 实现欠发达地区法院信息化工作跨越式发展：青海法院信息化建设和应用的调研报告 [R]// 中国法院信息化发展报告，2017.

[8] 刘春梅. 人工智能在司法审判运用上的研究 [D]. 上海：上海师范大学，2019.

[9] 汪庆华. 人工智能的法律规制路径：一个框架性讨论 [J]. 现代法学，2019，41（2）：55-64.

[10] 邹邵坤. 法律人工智能的真实当下与可能未来 [J]. 法治现代化研究，2019（1）：17-24.

[11] 曹建峰． "人工智能＋法律"十大趋势[J]．机器人产业，2017（5）：27-36．

[12] 龙飞．人工智能在纠纷解决领域的应用与发展[J]．法律科学（西北政法大学学报），2019（1）：11-17．

[13] JOHN O, GINNIS M, RUSSELL G. The great disruption: how machine intelligence will transform the role of lawyers in the delivery of legal Services [J]. Fordham rev, 2014 (82): 3041-3043.

[14] RICHARD M R, ALICIA S N. Developing artificially intelligent justice [J]. Social science electronic publishing, 2019 (42): 48.

[15] STOBBS N, BAGARIC M, HUNTER D. Can sentencing be enhanced by the use of artificial intelligence? [J]. Criminal law journal, 2017, 41 (5): 261-277.

[16] TANIA S. Judge robot? artificial intelligence and judicial decision-making [J]. UNSW law journal, 2018, 41 (4): 1114-1133.

[17] 高伟，张国鹏，刘浏．智慧司法的研究与实践[J]．邮电设计技术，2019（2）：57-62．

[18] 寇枭立，李洪琳．传统物理法院的技术革新之路：互联网时代纠纷解决机制的进阶发展[J]．人民司法，2019（22）：43-47．

[19] THOMAS J B. Artificial intelligence in court legitimacy problems of AI assistance in the judiciary [J]. 2018, 1 (2): 37-39.

[20] LUCILLE M. Michigan cyber court: a bold experiment in the development of the first public virtual courthouse [J]. North Carolina jouranal of law and technology, 2002 (4): 19-23.

[21] CYNTHIA A, MAMALIAN A, Pretrial justice inst., state of the science of pretrial risk assessment [R]. Washingston DC: Pretrial Justice, 2011.

[22] Artificial intelligence prevails at predicting supreme court decisions [EB/OL]. (2017-05-21) [2019-11-27]. https://www.sciencemag.org/news/2017/05/artificial-intelligence-prevails-predicting-supreme-court-decisions.

[23] JULIUS BUOCZT. Artificial intelligence in court legitimacy problems of ai assistance in the judiciary [J].2018, 1 (2) : 35-37.

[24] LUCILLE M.Michigan cyber court: a bold experiment in the development of the first public virtual courthouse [J]. North Carolina jouranal of law and technology, 2002 (4) : 17-21.

[25] 余佳. 荷兰在全国范围内引入视频会议系统 [J]. 环球法律资讯, 2008 (314) : 32-35.

[26] 周翠. 德国司法的电子应用方式改革 [J]. 环球评论, 2016 (1) : 7-9.

[27] [日] 小林学. 日本民事审判的 IT 化和 AI 化 [J]. 郝振江译. 国家检察官学院学报, 2019 (3) : 17-21.

[28] 高芳, 张冀燕. 日本和韩国加快完善人工智能发展顶层设计 [J]. 科技中国, 2018 (8) : 6-10.

[29] 郑莉.e-Court 模式下简易程序刑事案件远程审判研究 [J]. 西南民族大学学报（人文社科版）, 2019 (10) : 15-21.

[30] 郑永焕. 韩国电子诉讼现状及完善方向 [J]. 方丽妍, 译. 东南司法评论, 2018 (4) : 14-19.

[31] 许子明, 田杨锋. 云计算的发展历史及其应用 [J]. 信息记录材料, 2018, 19 (8) : 26-28.

[32] 罗晓慧. 浅谈云计算的发展 [J]. 电子世界, 2019 (8) : 30-33.

[33] 王禄生. 大数据与人工智能司法应用的话语冲突及其理论解读 [J]. 法学论, 2018 (5) : 3-7.

[34] 程雷. 在改革发展中推进智慧法院建设 [N]. 人民法院报, 2017-07-10.

[35] 张新宝. 把握法律人工智能的机遇 迎接法律人工智能的挑战 [N]. 法制日报, 2017-06-28.

[36] 潘庸鲁. 人工智能介入司法领域的价值与定位 [J]. 探索与争鸣, 2017 (10) : 14-17.

[37] 腾讯研究院. 人工智能各国战略解读：联合国人工智能政策报告 [J]. 电信网技术, 2017 (2) : 22-27.

[38] 程凡卿. 我国司法人工智能建设的问题与应对 [J]. 东方法学, 2018 (3): 15-20.

[39] 黄晓霞. 推进电子诉讼创新 助力智慧法院建设 [N]. 人民法院报, 2018-08-14.

[40] 刘颖. 我国电子商务法调整的社会关系范围 [J]. 中国法学, 2018 (4): 40-44.

[41] 洪冬英. 司法如何面向"互联网+"与人工智能等技术革新 [J]. 法律实务（法学）, 2018 (11): 16-23.

[42] 杨凌, 高楠. 5G 移动通信关键技术及应用趋势 [J]. 电信技术, 2017 (5): 17-21.

[43] 彭云翔. 5G 网络与智慧法院建设相融合的展望 [N]. 人民法院报, 2019-08-15.

[44] 季卫东. 技术与网络: 5G 影响社会法治的双重维度 [J]. 探索与争鸣, 2019 (9): 13-15.

[45] 郭文利, 阎智洪. 加拿大智能调解电子谈判系统透视 [N]. 人民法院报, 2019-06-07.

[46] 首个人工智能律师已入职, 先被取代的却是他们, 而律师……? [EB/OL]. (2017-02-21) [2019-12-11]. http://m.sohu.com/a/141623625_164794.

[47] 人工智能的"判决": 在审查法律文件方面胜过人类律师 [EB/OL]. (2016-04-15) [2019-11-27]. https://baijiahao.baidu.com/s?id=1593609837718864215&wfr=spider&for=pc.

[48] 于颖. 欧洲消费者纠纷的非诉解决机制 [N]. 人民法院报, 2015-08-21.

[49] [英] 伯内特. 英国首席大法官: 设立在线法院应借鉴中国互联网法院经验 [N]. 赵蕾, 译. 人民法院报, 2019-03-29.

[50] 邓恒. 人工智能技术研发与智慧法院建设 [N]. 人民法院报, 2018-03-02.

[51] 刘贵祥. 总结经验 厘清思路 加快推进智慧法院建设 [N]. 人民法院报, 2017-06-21.

[52] 邓恒. 从智慧法院的视角理解互联网法院 [N]. 人民法院报, 2017-08-07.

[53] 杨临萍. 智慧法院建设的实践与思考 [J]. 人民法院报, 2017-10-25.

[54] 郭富民. 正确判断"智慧法院"的司法定位 [N]. 人民法院报, 2017-08-10.

[55] 陈健. 智慧法院建设要重视网络安全保密工作 [N]. 人民法院报, 2017-08-02.

[56] 邓恒. 人工智能技术研发与智慧法院建设 [N]. 人民法院报, 2018-03-02.

[57] 熊明辉. 法律人工智能的前世今生 [EB/OL]. (2018-10-10) [2019-11-27]. http://

news.cssn.cn/zx/bwyc/201810/t20181010_4666738_1.shtml.

[58] "机器人"参与司法办案 受访人员：加快电子诉讼立法工作[EB/OL]. (2018-10-14) [2019-12-12]. http://www.iolaw.org.cn/showNews.aspx?id=54654.

[59] DANA R, FRANK S. Can robots be lawyers? computers, lawyers, and thepracticeof law[EB/OL]. (2017-10-28) [2019-11-28]. https://ssrn.com/abstract=2701092 or http://dx.doi.org/10.2139/ssrn.2701092.

[60] KAMENER L. Courting change: the verdict on AI and the court [EB/OL]. (2016-03-24) [2019-11-28]. https://www.centreforpublicimpact.org/courting-change-verdict-ai-courts/.

[61] 智合同跟你聊聊法律领域里最新的「游戏规则」[EB/OL]. (2018-08-07) [2019-12-27]. http://www.xuansba.com/news/1533282052888.html.

[62] RICHARD VAN HOOIJDONK. Can artificial intelligence help the wheels of justice turn faster?[EB/OL]. (2019-10-02) [2019-12-27]. https://richardvanhooijdonk.com/blog/en/can-artificial-intelligence-help-the-wheels-of-justice-turn-faster/.

[63] The courtroom 21 project: a light at the end of the legal technology tunnel [EB/OL]. (2019-12-24) [2019-12-27]. https://technology.findlaw.com/modern-law-practice/the-courtroom-21-project-a-light-at-the-end-of-the-legal.html.

[64] 陈邦达. 人工智能在美国司法实践中的运用[EB/OL]. (2018-04-11) [2019-12-24]. http://ex.cssn.cn/zx/bwyc/201804/t20180411_3944566.shtml.

[65] SHAW K. To Get parole, have your case heard right after lunchwired[EB/OL]. (2011-11-04) [2018-03-25]. www.wired.com/2011/04/judges-mentalfatigue/> accessed 25 March 2018.

[66] National science and technology council. Preparing for the future of artificial intelligence [R/OL]. (2015-05-03) [2019-12-21]. https://obamawhitehouse.archives.gov/blog/2016/05/03/preparing-future-artificial-intelligence.

[67] Executive office of president. Artificial intelligence, automation, and the economy[R/OL]. (2016-03-03) [2019-12-24]. https://obamawhitehouse.archives.gov/blog/2016/05/03/preparing-future-artificial-intelligence.

[68] The White House office of science and technology policy. 2018 White House summit on artificial intelligence for American industry[R/OL]. (2018-10-10) [2019-12-24]. ov/articles/White-House-hosts-summit-artificial-intelligence-american-industry/.

[69] Proposal for a decision of the European parliament and of the council on establishing the specific pregramme implementing horizon Europe the framework pregramme for research and innovation[R/OL]. (2018-07-08) [2019-10-12]. https://ec.europa.eu/commission/sites/beta-political/files/budget-may2018-horizon-europe-decision_en.pdf.

[70] Coordinated plan on artificial intelligence [R/OL]. (2019-02-19) [2019-12-28]. https://ec.europa.eu/digital-single-market/en/news/coordinated-plan-artificial-intelligence.

[71] European ethical charter on the use of artificial intelligence in judicial systems and their environment [R/OL] . (2018-10-21) [2019-10-21].https://rm.coe.int/ethical-charter-en-for-publication-4-december-2018/16808f699c.

[72] AI predicts outcomes of human rights trials [EB/OL]. (2016-10-08) [2019-12-27].https://www.ucl.ac.uk/news/2016/oct/ai-predicts-outcomes-human-rights-trials.

[73] Growing the artificial industry in the UK[R/OL]. (2016-03-02) [2019-10-17].https://www.gov.uk/government/publications/growing-the-artificial-intelligence-industry-in-the-uk.

[74] The house of lords. AI in the UK: ready, willing and able? [R/OL]. (2017-01-09) [2019-11-23].https://publications.parliament.uk/pa/ld201719/ldselect/

ldai/100/100.pdf.

[75] Law society speech by chancellor of the high court, sir geoffrey vos: civil procedure rules [EB/OL]. (2019-10-10) [2019-12-29]. https://www.judiciary.uk/wp-content/uploads/2019/10/LawSocietyLitigationConference.9thOctober2019.f.pdf.

[76] ODR advisory group. Small claims and ODR[R/OL]. (2015-03-21)[2019-12-27]. https://www.judiciary.uk/wp-content/uploads/2015/03/odr-small-claims.pdf.

[77] Lord justice briggs. Civil courts structure review: final report [R/OL]. (2016-07-21) [2019-11-27]. https://www.judiciary.uk/wp-content/uploads/2016/07/civil-courts-structure-review-final-report-jul-16-final-1.pdf.

[78] 韩国将大力发展九大国家战略项目推动经济[EB/OL]. (2016-08-12) [2019-11-27]. http://world.people.com.cn/n1/2016/0812/c1002-28632589.html.

[79] Improving court efficiency: the Republic of Korea's e-Court experience [EB/OL]. (2014-10-21) [2019-12-28]. https://www.doingbusiness.org/content/dam/doingBusiness/media/Annual-Reports/English/DB14-Chapters/DB14-Improving-court-efficiency.pdf.

[80] 中国法院网. 第三届世界互联网大会智慧法院暨网络法治论坛乌镇共识[EB/OL]. (2016-11-11) [2019-12-28]. https://www.chinacourt.org/article/detail/2016/11/id/2352002.shtml.

后　记

很荣幸，我们受邀参与了中国"新一代人工智能发展规划"解读丛书的撰写，负责《智慧法院》分册。智慧法院建设是当前司法体制改革中的前沿探索和热点问题。随着人工智能、大数据、深度学习等技术的不断发展，我国提出了"智慧法院"建设的蓝图。2015年7月，最高人民法院院长周强同志在全国高级法院院长座谈会上首次提出"智慧法院"的概念，意在应用现代科技，深度融合司法审判和现代科技，运用现代先进技术，保障和促进司法公开、公平、公正。2016年，智慧法院建设被纳入《国家信息化发展战略纲要》《"十三五"国家信息化规划》，正式上升到国家战略高度。2017年7月8日国务院印发的《新一代人工智能发展规划》提出，我国将围绕包括司法管理在内的社会治理的热点难点问题，促进人工智能技术应用，推动社会治理现代化。同年，最高人民法院发布《关于加快建设智慧法院的意见》，2019年最高人民法院又发布了《人民法院第五个五年改革纲要（2019—2023年）》，为我国智慧法院建设的下一步发展指明了方向。

我们希望对法律的人工智能化现状和趋势做一概括，也希望对司法人工智能化应用做一梳理，还希望将国内外在智慧法院（庭）方面的建设实践做一次全面的总结和展望。尤其是通过对我国智慧法院成果全方位、立体式展现，让人工智能真正融入司法、深入人心、惠及百姓，成为中国司法事业腾飞的动力。成书过程中，我们阅读和整合了国内外大量的政策报告、学术研究和热点新闻材料，力求相关的内容能翔实、准确和充分。我们希望最终呈现给读者的是一份能够跟得上人工智能发展节奏的总结，但难免存在遗漏和滞后。现在我们怀着忐忑的心情向读者呈上本书，希望各位读者不吝赐教。

蒋佳妮　徐　阳　萨楚拉
2020年7月于北京